Arqueología Urbana en San Salvador Nextengo

Excavación y análisis de materiales de un predio en Azcapotzalco, México

GEISER GERARDO MARTÍN MEDINA

BAR INTERNATIONAL SERIES 3142 | 2023

Published in 2023 by
BAR Publishing, Oxford, UK

BAR International Series 3142

Arqueología Urbana en San Salvador Nextengo

ISBN 978 1 4073 6084 3 paperback
ISBN 978 1 4073 6085 0 e-format

DOI https://doi.org/10.30861/9781407360843

A catalogue record for this book is available from the British Library

© Geiser Gerardo Martín Medina 2023

COVER IMAGE *Jarra de Barro tipo Vidriado Transparente (main image) Negro Manchado Sellado, época Novohispana entre siglos XVII – XIX. Número de Inventario CATSA: 49619. Fotografía: Geiser Gerardo Martín Medina, 2018. (background image) Posible canal para la distribución de agua perteneciente a la época colonial. Vista de sur a norte, perfil este. Fotografía: Geiser Gerardo Martín Medina, 2018*

The Author's moral rights under the 1988 UK Copyright,
Designs and Patents Act, are hereby expressly asserted.

All rights reserved. No part of this work may be copied, reproduced, stored, sold, distributed, scanned, saved in any form of digital format or transmitted in any form digitally, without the written permission of the Publisher.

Links to third party websites are provided by BAR Publishing in good faith and for information only. BAR Publishing disclaims any responsibility for the materials contained in any third party website referenced in this work.

BAR titles are available from:

BAR Publishing
122 Banbury Rd, Oxford, OX2 7BP, UK
info@barpublishing.com
www.barpublishing.com

También por Geiser Gerardo Martín Medina

La Casa Arqueológica
Estudios de caso en la antigüedad
Edited by Juan Garcia Targa and Geiser Gerardo Martín Medina

BAR International Series **3096** | 2022

https://doi.org/10.30861/9781407360058

El paisaje urbano maya: del Preclásico al Virreinato
Edited by Juan Garcia Targa and Geiser Gerardo Martín Medina

BAR International Series **2985** | 2020

https://doi.org/10.30861/9781407357102

Patrimonio tangible e intangible mexicano: una reflexión
Edited by Juan Garcia Targa and Geiser Gerardo Martín Medina

BAR International Series **2854** | 2017

https://doi.org/10.30861/9781407315645

Otros textos de interés

Xoclán
Reconstrucción Urbana de una Ciudad Maya en un Contexto Urbanizado
Gaia Carosi

BAR International Series **3115** | 2022

https://doi.org/10.30861/9781407360270

Excavaciones de casas en la ciudad azteca de Yautepec, Morelos, México, Tomo I y Tomo II
Michael E. Smith
BAR International Series 2929 | 2019

https://doi.org/10.30861/9781407316895

Artefactos Domésticos de Casas Posclásicas en Cuexcomate y Capilco, Morelos
Edited by Michael E. Smith

BAR International Series **2696** | 2015

https://doi.org/10.30861/9781407313450

Mesoamerican Codices
Calendrical knowledge and ceremonial practice in Indigenous religion and history
Alessia Frassani

BAR International Series **3085** | 2022

https://doi.org/10.30861/9781407359670

Lieux de culte et parcours cérémoniels dans les fêtes des vingtaines à Mexico - Tenochtitlan
Elena Mazzetto

BAR International Series **2661** | 2014

https://doi.org/10.30861/9781407313030

The Eagle, the Cactus, the Rock
The Roots of Mexico-Tenochtitlan's Foundation Myth and Symbol
Doris Heyden

BAR International Series **484** | 1989

https://doi.org/10.30861/9780860546214

For more information, or to purchase these titles, please visit **www.barpublishing.com**

Agradecimientos

El presente documento es resultado del proyecto "Salvamento arqueológico en la calle Polo Norte #35, Colonia Ángel Zimbrón, Delegación Azcapotzalco, Ciudad de México" el cual conto con la aprobación del Consejo de Arqueología del Instituto Nacional de Antropología e Historia con el número de oficio 401.1S.3-2018/1564 fechado al 15 de junio de 2018. Así mismo, al finalizar dicho proyecto, fue entregado a este mismo Consejo el informe final de los trabajos de campo y gabinete el cual conto con su aprobación a partir del oficio 401.1S.3-2018/2219 con fecha del 19 de diciembre de 2018.

Me permito extender un agradecimiento al Dr. Salvador Pulido que, en su calidad de titular de la Dirección de Salvamento Arqueológico (DSA-INAH) del Instituto Nacional de Antropología e Historia, otorgo las facilidades necesarias para el desarrollo de este proyecto. De igual manera, un agradecimiento especial a la Arqlga. Susana Lam García que como responsable de la Subdirección de Protección del Patrimonio de la Dirección de Salvamento deposito su confianza en quien suscribe para diseñar y ejecutar el proyecto del cual se desprende este trabajo. Durante el diseño y ejecución, así como en el desarrollo del análisis de materiales y la elaboración del informe técnico final, compartió consejos y recomendaciones las cuales fueron de gran ayuda para el desarrollo de dicho proyecto.

En el ámbito normativo, no puedo omitir mencionar y agradecer al Consejo de Arqueología vigente en el año 2018 por sus atinados comentarios, así como por la aprobación del proyecto y del informe final. Agradezco de igual forma al Dr. Carlos Javier González González quien fuera presiente de dicho consejo al momento de la aprobación del proyecto y a la Dra. Laura Ledesma Gallegos quien le continuo posteriormente y se mantiene vigente hasta hoy en día.

No puedo omitir mencionar de igual manera al Arqlgo. Alejandro Meraz Moreno quien fuera responsable de la Ceramoteca y la Arqlga. María Trinidad Durán Anda quien es responsable de la sección de catálogo, ambas de la DSA-INAH. A ambos, mi gratitud por todo el apoyo durante la revisión de las colecciones que sirvieron de base para la comparación de materiales.

También me gustaría mencionar forma especial a las arqueólogas Citlálic Mora Bautista y Karen López Beltrán, así como al Arqlgo. Pedro Ortega y la Arqlga. Lignaloé Neri Colín, quienes durante las tareas de análisis y clasificación me bridaron su apoyo despejando dudas en la diferenciación de materiales.

No puedo omitir mi gratitud al inestimable apoyo de la Antropóloga Física Nancy Roque Arellano, la Maestra en Estudios Hispánicos Cecilia Caballero de los Santos y la Arqueóloga Beatriz Gilbon Trujillo por su orientación y apoyo en la Ciudad de México.

Finalmente, mi gratitud y un reconocimiento especial al Dr. Pedro Francisco Sánchez Nava (+), quien fungía en 2018 como Coordinador Nacional de Arqueología y quien no solo me brindó su apoyo en reiteradas ocasiones, sino que de igual forma me dio ánimo, consejos y sugerencias para adentrarme en la arqueología del centro de México.

Dedico esta obra a mi padre, mi Balam
Miguel Ángel Martín Arjona (+)

Geiser Gerardo Martín Medina
Mérida, Yucatán, México
16 de abril de 2023

Contenido

Lista de figuras ix
Lista de tablas xi
Prólogo xii

1. Introducción 1

2. El entorno actual de Azcapotzalco 3
    2.1 Generalidades 3
        2.1.1 Clima 3
        2.1.2. Orografía 3
        2.1.3. Hidrología 3
    2.2 Ubicación del sitio 3

3. Antecedentes historiográficos y de investigación 7
    3.1 Reseña histórica de Azcapotzalco 7
    3.2 Antecedentes de investigación 9

4. Salvamento arqueológico en San Salvador Nextengo 13
    4.1 Objetivo del salvamento arqueológico 13
        4.1.1 Metodología de campo 13
        4.1.2 Desarrollo del cronograma de trabajo 15
    4.2 Descripción de las actividades de excavación 15

5. Excavaciones 17
    5.1 Sondeos estratigráficos 17
        5.1.1 Unidad 1 17
        5.1.2 Unidad 2 19
        5.1.3 Unidad 3 20
        5.1.4 Unidad 4 22
        5.1.5 Unidad 5 25
        5.1.6 Unidad 6 27
        5.1.7 Unidad 7 29
        5.1.8 Unidad 8 31
    5.2 Expansiones entre las Unidades 2 y 7 32
        5.2.1 Unidad 9 32
        5.2.2 Unidad 10 34
        5.2.3 Unidad 11 36
        5.2.4 Unidad 12 37
        5.2.5 Unidad 13 38

6. Análisis de material 41
    6.1 Cerámica 41
    6.2 Lítica 47
    6.3 Vidrio 47

7. Consideraciones finales 51

Anexo 1. Localización del predio 53

Anexo 2. Tablas de materiales integrados al muestrario de la Ceramoteca de la Dirección de Salvamento Arqueológico 55

**Anexo 3. Catálogo de materiales integrados al Muestrario de la Ceramoteca de la Dirección de
    Salvamento Arqueológico (DSA-INAH)** 63
    Tipos Cerámicos 63
    Elementos Líticos 76
    Elementos Vítreos 78
    Materiales Especiales integrados a la sección CATSA-DSA (Catálogo de Salvamento Arqueológico) 79

Bibliografía 89

Lista de figuras

Figura 2.1. Ubicación de Azcapotzalco en relación a la Ciudad de México 3

Figura 2.2. Detalle en circulo de la ubicación del predio donde se ejecutó el proyecto de salvamento 4

Figura 2.3. Vista satelital de la delimitación del perímetro "A" de la zona de monumentos de Azcapotzalco y con amarillo el predio donde se efectuó el salvamento 5

Figura 2.4. Vista satelital del predio donde se efectuó el salvamento 6

Figura 3.1. Plano del curato y capillas de Azcapotzalco en 1767 9

Figura 3.2. Barrios tepanecas y mexicanos en de Azcapotzalco, se puede observar el límite del Lago de Texcoco y algunos islotes cercanos con sentamientos humanos 11

Figura 3.3. Distribución de los barrios en Azcapotzalco hacia el siglo XVI 12

Figura 4.1. Esquema de las unidades de sondeo con respecto a las dimensiones del área de construcción en el predio Polo Norte #35. 14

Figura 5.1. Unidad 1, cuadro J4 antes de la excavación 18

Figura 5.2. Unidad 1, cuadro J4, perfil este 18

Figura 5.3. Unidad 1, cuadro J4, perfil oeste 18

Figura 5.4. Unidad 1, cuadro J4 al cierre de la excavación 18

Figura 5.5. Unidad 2, cuadro H4, antes de la excavación 20

Figura 5.6. Unidad 2, cuadro H4, al cierre de la excavación 20

Figura 5.7. Unidad 2, cuadro H4, detalle de la excavación a 1.20 metros, ejemplo del perfil norte donde se observa el desmantelamiento de una parte del muro 20

Figura 5.8. Unidad 2, cuadro H4, detalle del "alineamiento" de muro "trasero". 20

Figura 5.9. Unidad 2, cuadro H4, detalle del arranque y tipo nucleado para el "muro" a 1.30 de profundidad 20

Figura 5.10. Unidad 2, cuadro H4, detalle estratigráfico por debajo del nucleado 20

Figura 5.11. Unidad 3, cuadro H2, antes de la excavación 21

Figura 5.12. Unidad 3, cuadro H2, perfil este 21

Figura 5.13. Unidad 3, cuadro H2, perfil oeste 22

Figura 5.14. Unidad 3, cuadro H2, al cierre de la excavación 22

Figura 5.15. Unidad 4, cuadro F2, antes de la excavación 23

Figura 5.16. Unidad 4, cuadro F2, perfil este 23

Figura 5.17. Unidad 4, cuadro F2, perfil oeste 24

Figura 5.18. Unidad 4, cuadro F2, al cierre de la excavación 24

Figura 5.19. Jarrón Vidriado Negro Sellado localizado en la Unidad 4, cuadro F2 25

Figura 5.20. Perfil del jarrón localizado en la Unidad 4, cuadro F2 25

Figura 5.21. Unidad 5, cuadro D2, antes de la excavación 26

Figura 5.22. Unidad 5, cuadro D2, perfil este 26

Figura 5.23. Unidad 5, cuadro D2, perfil oeste 26

Figura 5.24. Unidad 5, cuadro D2, al cierre de la excavación 26

Figura 5.25. Unidad 6, cuadro B2, antes de la excavación 28

Figura 5.26. Unidad 6, cuadro B2, perfil este 28

Figura 5.27. Unidad 6, cuadro B2, perfil oeste 28

Figura 5.28. Unidad 6, cuadro B2, al cierre de la excavación 28

Figura 5.29. Unidad 7, cuadro F4, antes de la excavación 29

Figura 5.30. Unidad 7, cuadro F4, perfil este 29

Figura 5.31. Unidad 7, cuadro F4, detalle de la esquina del muro proveniente de la Unidad 2 30

Figura 5.32. Unidad 7, cuadro F4, al cierre de la excavación 30

Figura 5.33. Unidad 8, cuadro C3, antes de la excavación 31

Figura 5.34. Unidad 8, cuadro C3, perfil este 31

Figura 5.35. Unidad 8, cuadro C3, perfil oeste 32

Figura 5.36. Unidad 8, cuadro C3, al cierre de la excavación 32

Figura 5.37. Unidad 9, cuadro I4, antes de la excavación 33

Figura 5.38. Unidad 9, cuadro I4, al cierre de la excavación 33

Figura 5.39. Unidad 9, cuadro I4, detalle de la deposición de basura y escombro en la Capa I 33

Figura 5.40. Unidad 9, cuadro I4, detalle del perfil este y el arranque del nucleado 33

Figura 5.41. Unidad 10, cuadro G4, antes de la excavación 34

Figura 5.42. Unidad 10, cuadro G4, perfil este 35

Figura 5.43. Unidad 10, cuadro G4, al cierre de la excavación visto desde el perfil oeste 35

Figura 5.44. Unidad 10, cuadro G4, detalle del perfil oeste visto desde el sur 35

Figura 5.45. Unidad 10, cuadro G4, detalle del tubo vidriado café acanalado cilíndrico localizado *in situ* con parte del encofrado y cerramiento de ladrillos a manera de dovelas 35

Figura 5.46. Unidad 10, cuadro G4, detalle del perfil oeste visto desde el norte 36

Figura 5.47. Unidad 11, cuadro F5, antes de la excavación 37

Figura 5.48. Unidad 10, cuadro G4 y Unidad 11, cuadro F5, al cierre de la excavación 37

Figura 5.49. Unidad 12, cuadro G5, antes de la excavación 38

Figura 5.50. Unidad 12, cuadro G5, perfil interior sur 38

Figura 5.51. Unidad 12, cuadro G5, al cierre de la excavación 38

Figura 5.52. Unidad 12, cuadro G5, perfil interno este 38

Figura 5.53. Unidad 13, cuadro H5, antes de la excavación 39

Figura 5.54. Unidad 13, cuadro H5, perfil este 39

Figura 5.55. Unidad 13, cuadro H5, perfil oeste 40

Figura 5.56. Unidad 13, cuadro H5, al cierre de la excavación 40

Figura 5.57. Unidad 13, cuadro H5, detalle de la parte superior del perfil norte donde se aprecia el depósito de materiales 40

Figura 5.58. Cierre de excavación Unidades 2, 7, 9, 10, 11, 12 y 13, vista de sur a norte, perfil este 40

Figura 6.1. Botella de MRS. WINSLOW'S SOOTHING SYRUP obtenida en el predio 48

Figura 6.2. MRS. WINSLOW'S imagen cortesía del Museo DEA 48

Lista de tablas

Tabla A2.1. Cronología general de los materiales cerámicos localizados en el predio y las referencias empleadas para su identificación y clasificación 55

Tabla A2.2. Tabulación general de los materiales cerámicos localizados en el predio excavado 59

Tablas A2.3. y A2.4. Aspectos considerados para los materiales líticos y vítreos localizados en el predio y las referencias empleadas para su identificación y clasificación 61

Prólogo

Las publicaciones u obras editoriales en materia de arqueología son generalmente destinadas a importantes hallazgos o avances en diversos temas de interés como el patrón de asentamiento, comercio, religión, arquitectura y costumbres mortuorias. En otros casos, se dedican a presentar resultados de trabajos orientados al análisis cerámico y lítico, y de forma más reciente resultados de las nuevas arqueologías como lo son análisis químicos, microrestos botánicos, o aspectos relacionados con la fotogrametría y reconstrucciones tridimensionales.

Ante estos parámetros, los pequeños proyectos parecen no tener mucho que decir o aportar a la literatura arqueológica comparada con los grandes proyectos. Para el caso mexicano, las publicaciones resultantes de estos proyectos usualmente conocidos como "rescates" o "salvamentos" arqueológicos, suelen estar presentes en foros de discusión local y ediciones de poco alcance que se ven restringidas muchas veces a los mismos participantes de dichos foros. En casos muy especiales, estos proyectos forman parte de alguna edición especial a manera de compendio de estudios más específicos que muestran una pequeña parte de los sitios trabajados.

Usualmente y posterior a la elaboración de los informes finales, mucha de esta información y materiales pasa a un aparente olvido. Es por esto que la presente edición titulada "Arqueología urbana en San Salvador Nextengo: excavación y análisis de materiales de un predio en Azcapotzalco, México", pretende justamente visibilizar uno de estos pequeños proyectos, que si bien versa sobre un pequeño rescate ejecutado en la Ciudad de México; la diversidad de los materiales aquí presentados puede ser de utilidad para otros investigadores interesados en estudiar las dinámicas relacionadas a la zona de Azcapotzalco.

Si bien, la Ciudad de México presenta una amplia dinámica de obras que hacen de los salvamentos y rescates una prioridad en esta urbe; es importante que los resultados se den a conocer con la finalidad de ampliar el conocimiento sobre la distribución de asentamientos y materiales localizados en esta traza.

Finalmente, espero que esta edición la cual ha sido ajustada para BAR sea de utilidad, ya que se presentan datos interesantes a nivel de excavación, análisis de materiales y tablas de distribución de los elementos líticos, vítreos y cerámicos localizados en campo. Esta edición, cierra con un catálogo de los materiales localizados que van desde las cerámicas burdas para consumo y preparación de alimentos durante las últimas fases Aztecas, pasando por las losas vidriadas, finas, porcelanas y mayólicas del siglo XVI y XVII y finalmente elementos constructivos y materiales relacionados con el siglo XIX y la primera mitad del XX.

Introducción

En México, el modelo de la arqueología de salvamento y en algunos casos la arqueología urbana permite el estudio de contextos que se encuentran debajo de las grandes urbes habitadas hoy por hoy en el país. Estas obras pueden ser a causa de la creación o expansión de una línea de metro, la modificación de una unidad habitacional, la construcción de un centro comercial, entre muchas otras variantes.

La dinámica de la ciudad consiste en generar la demanda de obras nuevas, o en su defecto la modificación, ampliación o demolición de predios para dar paso a nuevos edificios. Sea cual sea la modalidad de obra, es necesario la presencia de arqueólogos para verificar la presencia de vestigios culturales ya sean arqueológicos o históricos.

Sin embargo, la misma dinámica usualmente deriva en que los proyectos finalicen con un breve análisis de materiales y un informe técnico que pasara a un archivo institucional solo para una consulta limitada.

El presente documento pretende dar a conocer los resultados obtenidos durante una intervención arqueológica realizada en un predio en actual alcaldía de Azcapotzalco en la Ciudad de México. El objetivo es poner a disposición de los interesados los datos y materiales obtenidos de dicho salvamento.

Durante el año 2018, se presenta una solicitud de obra nueva para visto bueno del Instituto Nacional de Antropología e Historia, en especial por parte de la Dirección de Salvamento Arqueológico. La obra en cuestión consistiría en la modificación y construcción de un edificio de dos niveles, donde la memoria y planos de obra dejaron observar servicios sanitarios, bodega y escalera de acceso a jardín y planta alta. El proyecto presentado tenía como propuesta una excavación mecánica de 2 a 4 metros de profundidad. Sin embargo, por cuestiones de la entonces delegación a través de la dirección de obras públicas y permisos de construcción, el proyecto fue modificado a una casa habitación de dos plantas que considera la misma sección y niveles de afectación que la primera propuesta.

Durante la inspección realizada en el predio por la Arqlga. Berenice Flores (2018), se observó la presencia de una pequeña construcción de tabique y techo de lámina, con una excavación de 1.5 metros por lado por 1.5 metros de profundidad, la cual fue realizada con anterioridad. Esta oquedad permitió observar la localización de la barda de colindancia y dejando visible la cimentación de la misma, así como otra excavación menor que dejo en evidencia el alto y ancho de dicho cimiento. De igual manera se pudo observar junto a la edificación de tabiques, una cisterna en la sección suroeste del predio. En las tres excavaciones mencionadas, la tierra asociada presentó material arqueológico cerámico, del cual resalto el tipo "azteca negro sobre anaranjado" y el cual estuvo presente de forma abundante.

Considerando esta evidencia, se solicitó a la persona propietaria del predio el no continuar con más excavaciones o afectaciones en el lugar. A partir de ello, se elaboró una propuesta de salvamento a manera determinar la causa u origen de los materiales localizados, así como corroborar la presencia de otros vestigios arqueológicos como podrían ser cimientos o depósitos, esto con base en los antecedentes existentes en la región.

En este trabajo, abordaremos de manera breve un recuento de las generalidades de la región a nivel arqueológico, histórico y urbano, con la finalidad de tener un panorama general que apoye en la contextualización de los materiales. Posteriormente se describirá cada una de las unidades de excavación realizadas, algunas consideraciones sobre el lugar y el análisis de los materiales. Finalmente se incluirá un sencillo muestrario a manera de dejar evidencia de los tipos de materiales localizados en dicho proyecto.

2
El entorno actual de Azcapotzalco

2.1 Generalidades

Azcapotzalco está localizado al norte de la Ciudad de México y delimitado por el Estado de México, en particular por los municipios de Tlalnepantla al norte y Naucalpan al poniente; y por las alcaldías de Miguel Hidalgo y Cuauhtémoc al sur y Gustavo A. Madero al oriente (INEGI 1989:2). Cubre una extensión de 33.09 km², lo cual representa un aproximado del 2.2% de la extensión territorial de la Ciudad de México y ocupa el treceavo lugar en tamaño según su comparación con las demás alcaldías, siendo que la totalidad de su territorio se encuentra urbanizado (INEGI 1989:2; 1995:3).

2.1.1 Clima

Dentro sus características climáticas, estas se mantienen con temperaturas medias anuales que varían entre los 16° a 18° centígrados siendo los meses más cálidos de abril a junio. Por su parte la precipitación pluvial anual varía entre los 600 y 700 milímetros, siendo julio y agosto los meses con mayor humedad. A partir de estas características, se tiene que el clima promedio en la delegación es del tipo Templado Subhúmedo (INEGI 1989:2; 1995:3).

2.1.2. Orografía

El terreno está caracterizado por una planicie lacustre ligeramente ondulada cuya altitud varía entre 2255 metros hacia el poniente a la altura de Calzada de las Armas y 2235 en su punto más alto al oriente en la zona de Calzada Vallejo (INEGI 1989: 2). El uso del suelo se caracteriza por una predominancia a la ocupación habitacional y de servicios que tiene un promedio de extensión de 17.4 km²; mientras que con una ocupación de 6.44 km² se mantiene la ocupación del terreno por un uso de suelo industrial. En cuando al equipamiento urbano este ocupa 5.67 km² y las áreas verdes 1.58 km² (INEGI 1989:2).

2.1.3. Hidrología

El 100% del territorio de Azcapotzalco pertenece a la región del Panuco dentro de la cuenca del Río Moctezuma y específicamente a la subcuenca del Lago de Texcoco-Zumpango y el acceso a las corrientes de agua es por medio del sistema de entubamiento (INEGI 1995:5).

2.2 Ubicación del sitio

La alcaldía de Azcapotzalco abarca una extensión de treinta y cuatro kilómetros cuadrados, limitando al norte y oeste con el Estado de México, al este con la alcaldía Gustavo A. Madero y al sur con las alcaldías de Miguel Hidalgo y Cuauhtémoc (Salazar de Garza 1987: 15).

Se tiene una altitud de 2,278 metros sobre el nivel del mar y su suelo de topografía plana, se caracteriza por ser arcilloso y blando además de fértil por la abundancia de agua que bajaba de las vertientes de los cerros cercanos (Salazar de Garza 1987: 15).

Su nombre significa "lugar de hormigas" o "en el hormiguero", que deriva del náhuatl *azcatl* - hormiga, *potzoa* – acumular y *co* – lugar; esto posiblemente haciendo referencia a enormes hormigas rojas o la probable numerosa población que habitó ese lugar en la época prehispánica (Salazar de Garza 1987: 15).

El predio se localiza entre avenida Centenario y Aquiles Serdán, cerca de la estación del metro "Refinería" y a escasas siete cuadras del centro de Azcapotzalco con dirección al sur. Cuenta con una dimensión total de 9.82 metros de frente por 22.43 metros de fondo y una superficie de 212 m². En este espacio se pretende realizar

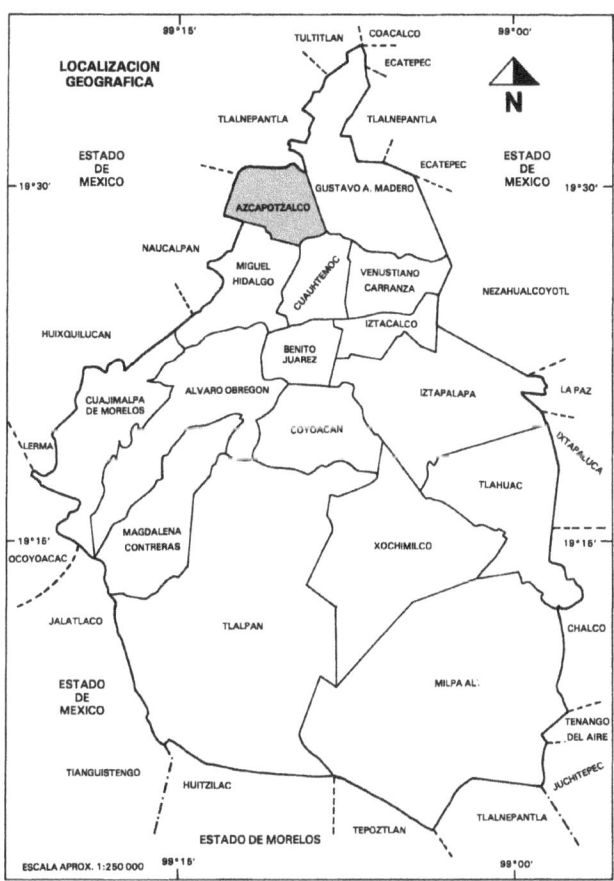

Figura 2.1. Ubicación de Azcapotzalco en relación a la Ciudad de México (Tomado de INEGI 1989: S/P, modificación propia).

una construcción de dos plantas siendo la planta baja de 4.77 metros de frente por 11.24 metros de fondo y una superficie de 42 m2 mientras que la planta alta contara de 67 m2 teniendo por medidas 9.80 metros de frente por 11.24 metros de fondo. Adicional a ello y con base en la memoria contractual y planos de la obra, el resto del predio en su parte posterior será un área ajardinada.

El área de Azcapotzalco cuenta con una declaratoria, la cual, a partir de los trabajos del Departamento de Estudio y Catalogación de Monumentos Inmuebles de la Dirección de Monumentos Históricos del INAH, se crea un polígono de protección en el marco del Decreto de Declaratoria de Zona de Monumentos Históricos del 9 de diciembre de 1986 (Prieto 1987: 13).

El objetivo de este decreto fue la creación de un perímetro que por sus características históricas y arquitectónicas comprendería una zona de monumentos históricos. Esta zona abarcaría un total de 65 manzanas que a su vez contendría un aproximado de 120 inmuebles con alto valor histórico y arquitectónico que habrían sido construidos entre los siglos XVI al XIX; siendo algunos destinados al culto religioso, actividades admirativas, productivas, educativos o asistenciales (Gobierno Constitucional de los Estados Unidos Mexicanos 1986: 4).

Dentro de esta declaratoria se acentúa que "... es indispensable, dentro de los programas de desarrollo de los asentamientos urbanos, la protección, conservación y restauración de las expresiones urbanas y arquitectónicas relevantes que forman parte de nuestro patrimonio cultural" (Gobierno Constitucional de los Estados Unidos Mexicanos 1986: 5).

De igual manera en su artículo 5to estipula que toda construcción dentro de la zona de monumentos estará sujeta a las condiciones establecidas en las disposiciones legales aplicables, así como obras de restauración o conservación de monumentos y deberán realizarse bajo previa solicitud del particular ante el Instituto Nacional de Antropología e Historia (Gobierno Constitucional de los Estados Unidos Mexicanos 1986: 9).

Entre los monumentos históricos señalados en el presente decreto se encuentra la Capilla de San Salvador Nextengo, además de las siguientes: Capilla del Rosario, Capilla del Señor de la Vida, Capilla de la Concepción, Capilla de los Reyes, Capilla de San Lucas, Capilla de San Simón y Templo de los Santos Apóstoles Felipe y Santiago, además de las Haciendas de Clavería, el Renacimiento y del Rosario.

El Templo de San Salvador Nextengo fue fundado en 1562 y de forma inicial estuvo diseñada como ermita, ya que fue considerada como sitio de penitencia por los indígenas. Posteriormente estos mismos fueron quienes continuaron y finalizaron la construcción bajo la dirección de los frailes dominicos (Martínez 1987: 73; Urdapileta, 2010: 38). La edificación más antigua data del siglo XVI y la construcción actual que incluye modificaciones posteriores, pertenece al siglo XVII. (CNMH-INAH: s/f).

A partir del perímetro antes mencionado y de la información contenida por colonias y predios en el "*Catálogo nacional de monumentos históricos inmuebles en la delegación de Azcapotzalco*" (1987), se pudo determinar que el predio en cuestión se localiza dentro de la zona de monumentos y en específico en el área denominada perímetro "A".

Figura 2.2. Detalle en circulo de la ubicación del predio donde se ejecutó el proyecto de salvamento (Tomado de Google Maps ©).

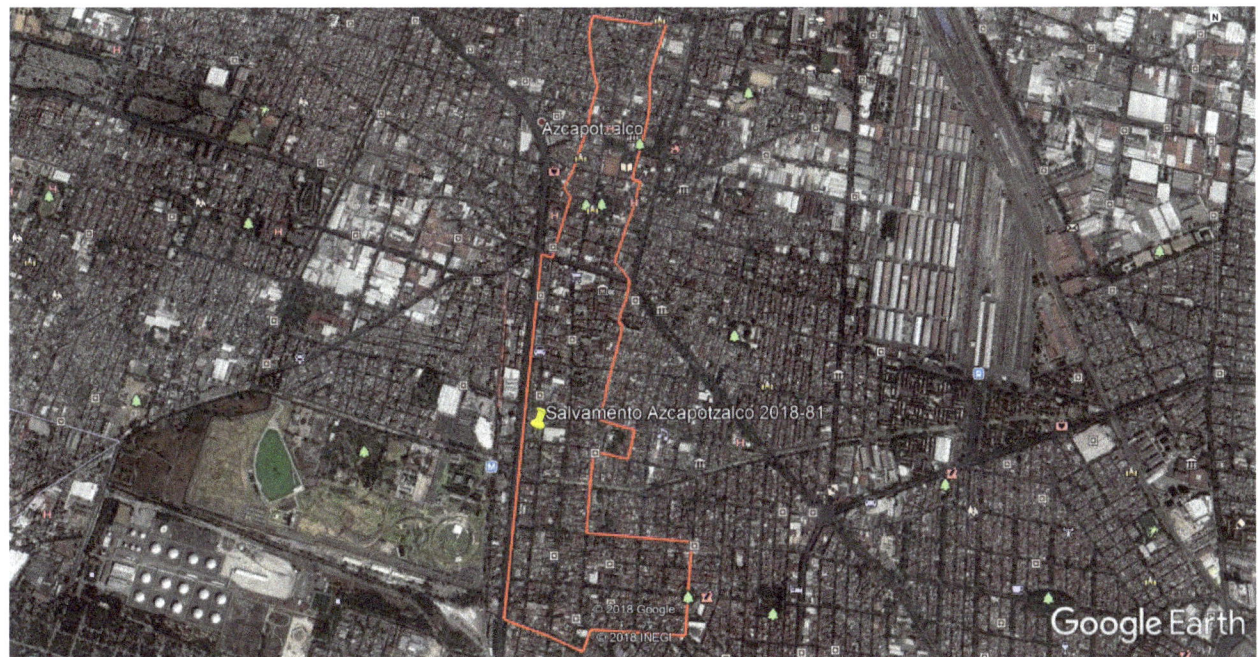

Figura 2.3. Vista satelital de la delimitación del perímetro "A" de la zona de monumentos de Azcapotzalco y con amarillo el predio donde se efectuó el salvamento (Tomado de Google Earth ©. Modificado y elaborado por G. Martín con base en los planos de las colonias de Martínez 1987 [Ver mapa en el Anexo 1])

González (2022: 150) apunta que a pesar del decreto, esta disposición fue insuficiente ya que esta zona de monumentos siempre estuvo en constante peligro ante el aumento de la especulación inmobiliaria y por el gran número de inconformidades ante la medida, provenientes inclusive desde las antiguas admiraciones de la delegación. Esto se deja observar en la dinámica de la actual Ciudad de México y sus demarcaciones. En el caso de la alcaldía de Azcapotzalco al igual que muchas ciudades, ha pasado por diversos procesos sociales, económicos y políticos que a lo largo de su historia han dado lugar a un espacio habitacional bajo diversas formas de urbanización; por lo cual los pueblos originarios de Azcapotzalco, las élites económicas y las clases populares han constituido su hábitat a través de cuatro modelos espaciales que de acuerdo con Connolly (2005 en García 2022: 1) se organizan en: poblados y barrios antiguos, fraccionamientos, conjuntos habitacionales y colonias populares. (García 2022: 1). Por ejemplo, García (2022: 3) apunta que, para la Ciudad de México y en este caso Azcapotzalco, esta organización se estructura bajo diferentes formas en el espacio urbano, las cuales son el resultado de diversos procesos de expansión y consolidación del propio tejido urbano, que se divide en diversas escalas como lo son las colonias, fraccionamientos, conjuntos habitacionales, conjuntos residenciales, antiguas cabeceras (administrativas) conurbadas y pueblos.

Por ejemplo, la Ciudad Colonial (García 2022: 4) correspondería a la urbanización de la Ciudad de México durante la época de la colonia, la cual tiene un denominado perímetro "A" como Centro Histórico conforme a la Declaratoria de Zona de Monumentos de 1980. En teoría, este espacio urbano mantiene un orden en cuanto a tamaño y forma de predios y los tipos de construcción. Para el caso de Azcapotzalco, recordemos que se crea una declaratoria similar en 1986 para definir una Zona de Monumentos.

Por su parte, García (2022: 4) denomina a la Ciudad Central como la fase de expansión que tuvo el espacio entre 1820 y 1929. Esta área urbana es continua y extendía desde el Centro Histórico de la Ciudad de México hacia el sur (Coyoacán), el poniente (Tacubaya y Mixcoac) y el norte (Azcapotzalco).

De acuerdo con un estudio a nivel urbano realizado por Connolly (1982), durante la primera mitad del siglo XX y hacia inicios de la segunda mitad del mismo; la industrialización provoco un proceso de urbanización acelerado mediante el incremento poblacional de algunas áreas entre 1940 y finales de 1970. Estas formas de asentamiento humano generaron una densificación y con ello el arrendamiento del centro de Azcapotzalco y pueblos circundantes a éste –San Salvador Nextengo entre ellos-; aunado a la aparición de "modernos" conjuntos de fraccionamientos que se sumaron a los sectores populares (colonias), las zonas urbanas ejidales (pueblos conurbados) y conjuntos habitacionales preexistentes. Hoy por hoy, estas modalidades son las que integran la totalidad del espacio habitacional de Azcapotzalco (García 2022: 6).

Es justo a partir de estas dinámicas socio-territoriales, que la arqueología urbana y la arqueología de salvamento toman vital importancia en el estudio de las sociedades del pasado.

Figura 2.4. Vista satelital del predio donde se efectuó el salvamento (Tomado de Google Earth ©).

3

Antecedentes historiográficos y de investigación

3.1 Reseña histórica de Azcapotzalco

Las primeras referencias de la zona se remontan al Clásico Temprano donde los elementos cercanos localizados permiten inferir que con la erupción del volcán Xitle y la destrucción de Cuicuilco; algunos habitantes fundaron en esta zona otra ciudad aprovechando la abundancia de flora y fauna de la cuenca (Salazar de Garza 1987: 15).

Montaño por su parte apunta que entre el 400 y 800 d.C., Azcapotzalco pudo formar parte de la esfera teotihuacana a la caída de esta última debido a la invasión de tribus chichimecas; momento en el cual Azcapotzalco recibe aparentemente su mayor fuerza evidenciada en San Miguel Amantla. La situación geográfica de Azcapotzalco y su ubicación a la orilla centro-poniente del lago de Texcoco lo posiciono como un lugar estratégico que favoreció el asentamiento de grandes centros poblacionales y el intercambio posiblemente debido a la fertilidad extraordinaria de la tierra y el tipo de arcillas en la zona que fueron usadas para la elaboración de distintos objetos (Montaño 2000: 2; Vaillant, 2003: 57). A la posterior caída de Tula, se genera la migración de tribus toltecas llegando a esta región pobladores de la región Matlatzinca denominados Acolhuas y más tardíamente llegan los Tecpanecas de filiación Otomangue (Montaño 2000: 6).

A la llegada de los chichimecas en el siglo XIII y al mando de Xolotl, las poblaciones de Azcapotzalco fueron famosas por sus trabajos de alfarería, siendo también sus pobladores hábiles artesanos en el trabajo de la pluma, fundición y orfebrería; siendo esto un aspecto que tiene continuidad hasta la época colonial. Además, tenían una vía de comunicación de gran importancia como el camino de intercambio comercial y político partiendo de Atlahuihuaya (Tacubaya), pasando por Tlacopám (Tacuba) y Azcapotzalco, y finalmente llegando a Tenayuca; consolidando de esta manera el "imperio Tecpaneca" (León-Portilla 2011: 41; Montaño 2000: 6).

Entre 1375 y 1428, la combinación de diversas estrategias político-militares permitió que Azcapotzalco fuera una unidad política con fuertes alianzas logradas por Tezozómoc; las cuales fueron reforzadas a través del parentesco por uniones y alianzas matrimoniales que permitió ampliar los dominios del imperio (Santamarina 2011: 26-27). En este proceso los mexicas se logran asentar en un islote como súbditos de los señores tepanecas; lo que les permitió prosperar y consolidar unidades políticas como fueron Tlatelolco y Tenochtitlan (León-Portilla 2011: 46; Santamarina 2011:27).

Hacia 1426-1427 y a la muerte del gobernante tepaneca Tezozómoc, la continuidad político-económica se ve afectada entre los hijos de este por las imposiciones y celos de ser el heredero a gobernar y la conspiración entre los mismos hermanos por legitimar ese derecho (León-Portilla 2011: 47; Lesbre 2011: 36-41). En 1427, Maxtlatzin, hijo de Tezozómoc toma de forma violenta la sucesión del *tecpan*, tomando medidas en contra de los mexicas mandando a asesinar a Chimalpopoca. Posterior a este acto, en México-Tenochtitlán se nombra a Itzcóatl –hijo de Acamapichtli- como el nuevo gobernante y quien en ese mismo año forma una alianza con Texcoco, que en conjunto con su consejero Tlacaélel, tomarían varias medidas en contra de Azcapotzalco (León-Portilla 2011: 47-48.) Esta serie de sucesos desencadenados permitió el escenario ideal para una rebelión mexica y que en consecuencia traería para estos, el control del territorio y la consolidación del imperio tenochca (Santamarina (2011: 31).

González (2020: 18) considera que para el caso de Azcapotzalco los *tecpan* [espacios de gobierno] pudieron funcionar de dos maneras: siendo uno de mayor rango gobernado por un mexicano impuesto por México-Tenochtitlan al ganar la Guerra contra Azcapotzalco hacia 1430; y otro de ascendencia tepaneca a cargo de un área o jurisdicción secundaria.

Cabe mencionar que, para la época prehispánica, el *tecpan* hace referencia primeramente a un espacio arquitectónico conformado con cuartos, salas, corredores, patios interiores y exteriores, accesos, barda perimetral y uno o dos niveles constructivos el cual por su tamaño y elaboración podía tener multifuncionalidad al realizarse distintas actividades simultaneas de índole político, económico, ceremonial, jurídica, sociales, individuales, grupales o colectivas en sus distintos espacios. Una vez consumada la conquista y al inicio de la época colonial, algunos de estos espacios sobrevivieron aunque pasaron a manos de conquistadores y encomenderos (González 2020: 16).

Durante la época colonial, los *tecpan* continuaron siendo un espacio de gobierno en las comunidades indígenas en tres variantes señaladas por Evans (1991 en González 2020): 1.) el modelo típico representado de manera frontal con el glifo como una sede de gobierno indígena menor; 2.) la variante individualizada donde la forma típica anterior se combina con arquerías y torrecillas estilo europeo y que fungieron como cabeceras políticas indígenas de rango mayor comparables con las alcaldías; y 3.) los *tecpan* como auténticos palacios europeos con variaciones en los frisos y como probables residencias de nobleza indígena e hispana (Evans 1991 en González 2020: 17).

Durante el virreinato y hacia 1528, Azcapotzalco era gobernado por el cacique Tlaltecatlzin[1], quien solo duro 10 años en el poder y la población ascendía a unos 17 mil habitantes. Sin embargo, la población empezó a diezmar rápidamente a partir de la repartición de tierras a los españoles, lo cual, sumado a la causa de la conquista, "*cocolitzin*" –plagas o epidemias-, maltratos y abusos por parte de los encomenderos; para 1549 la población era apenas de 3 mil habitantes (Guidiño 2007:2000; Salazar de Garza, 1987: 16).

Los Dominicos fueron los encargados de evangelizar la zona quienes, desde su llegada en 1529, iniciaron con la edificación de templos y capillas en los antiguos centros ceremoniales. Posterior a 1545 se inició la edificación del convento de San Felipe y Santiago quedando finalizado en 1565, mientras que el templo se inicia posiblemente en 1570 y para 1582 se pide al Alcalde Mayor la obligación hacia los naturales de Tilhuacan, San Juan Teotihuacan y Tequixquinahuac de trabajar en la edificación de la iglesia, obra que duro hasta 1590 (Salazar de Garza 1987: 16-17).

Para el siglo XVII el templo alcanzo el grado de parroquia, sin embargo, un intenso sismo ocurrido el 17 de enero de 1653 genero la caída de media iglesia, teniendo posteriormente que reedificar muros, pilastras y cubierta, quedando concluidas las obras en 1702. La fachada actual es correspondiente al siglo XVIII al igual que la capilla anexa de la Virgen del Rosario (Salazar de Garza 1987: 17).

Hacia 1704 Azcapotzalco estaba conformado como una república de indios que alquilaba sus tierras comunales. Es por ello que en 1709 se realiza a cargo de la Audiencia Real de la Ciudad de México una revisión a la propiedad privada y comunal. El resultado fue encontrar que la jurisdicción de Azcapotzalco tenía 593 familias –cerca de 3 mil habitantes-, distribuidos en 27 barrios mexicanos y tepanecas [entre ellos San Salvador Nextengo], 3 haciendas (San Antonio Calvería, Del Rosario y San Antonio) y 6 ranchos (Amealco, San Rafael, San Marcos, Pantaco, San Isidro y Azpeitia) (González 2022: 62-63).

Durante el periodo de los Dominicos en Azcapotzalco, estos construyeron de igual manera diversas capillas la cuales era utilizadas para celebración de culto en días festivos u ocupadas por los frailes; esto género que en los alrededores de la misma; los indígenas construyeran sus casas conservando su traza antigua e "irregular". La abundancia del agua y tierras fértiles fueron determinantes en que muchas casas tuvieran huertas con árboles frutales además de los pueblos cercanos y haciendas que cultivaban maíz, trigo y cebada (Salazar de Garza 1987: 17).

La distribución espacial tanto de las capillas como de la población indígena se vio manifestada a principios del siglo XVI con la presencia de veintiocho barrios y hacia 1709 treinta y dos, siendo estos San Bernabé, San Lucas, Acalotenco, Nuestra Señora de la Concepción, Santa Apolonia, San Nicolas, Santo Domingo, San Miguel Amantla, San Simón, Santa Catarina, San Andrés Huautla, Santa Bárbara, San Marcos, San Martín Xochinahuac, San Juan Tlihuaca, Santa María Malinalco, Xocoyohualco, Los Reyes, San Juan Mexicanos, San Juan Tepanecas, San Pedro Xalpa, San Bartolo Cahualtongo, Santiago Ahuixotla, Xochicama, Santa Lucía, Santa Cruz Acayucan, San Francisco Xocotitla, San Francisco Tetecala, Nextengo, San Mateo Xalpa, San Sebastián, Santo Tomas Tlatilco y Santa Cruz del Monte; además de la haciendas de Clavería y Careaga, y los ranchos de Amelco, San Rafael, San Marcos, Pantaco, San Isidro y Azpeitia. La mayoría de los nombres de los barrios antiguos aún se conservan en las colonias o templos (Salazar de Garza 1987: 17). Como dato de interés adicional se encontró que la capilla histórica de San Juan Huacalco la cual comparte espacio con la Capilla de San Juan Apóstol perteneciente al siglo XX, se encuentran actualmente ubicadas dentro de la actual Unidad Habitacional Cuitláhuac sobre Avenida Cuitláhuac y perteneciente a la Alcaldía de Azcapotzalco.

La importancia de este barrio radica en que al oriente de este se llegaba a las "ruinas" de Xancopinca o Xalcopinca, un acueducto de agua dulce y potable que aparentemente sirvió para surtir agua a Tlatelolco (Ramírez 1979:105 en Gudiño 2007: 198). Durante el siglo XVI, la construcción de acueductos para el abastecimiento de la capital [actual Ciudad de México] fue una ardua labor la cual tomo forma definitiva con un sistema de tres caños de agua principales siendo uno el que corría desde Santa Fé, el principal que partía de Chapultepec y el de Azcapotzalco (Kubler 1990: 180 en Gudiño 2007:199).

El significado del topónimo Xancopinca es "lugar donde se hacen adobes", el cual fue un lugar de gran importancia considerando el posible uso de las arcillas provenientes de los limites lacustres del Lago de Texcoco.

Finalmente, y en relación con el desarrollo de este trabajo, la importancia de Huacalco entre los antecedentes de la región y su mención a partir del siglo XVI recae en que este se encuentra localizado a tan solo 2 kilómetros al este del Barrio de San Salvador Nextengo. De acuerdo con Gudiño (2007: 199), durante la época prehispánica el emplazamiento actual de este barrio se localizaba dentro del mismo Lago de Texcoco en algún islote o en áreas pantanosas del mismo, el cual pudo haber estado destinado a la extracción de arcillas y el cual empezaba a ser rellenado para ganar terreno y control de agua para su redistribución a la población y al resto de la Ciudad de México.

Vale la pena mencionar que el trabajo de Gudiño en Huacalco permito el registro de diversos materiales cerámicos como lo fueron los platos trípodes, copas,

---

[1] Resulta interesante resaltar que el 14 de agosto de 1528, se cedió por parte del cabildo de la Ciudad de México un solar en merced denominado *Tecpancale* [quizá "*Tecpancalli*" o casa de gobierno] a Francisco de Montejo "El Adelantado" [este sería conocido más tarde como el conquistador de Yucatán y posteriormente Gobernador] en calidad de Encomendero de Azcapotzalco la cual sería administrada por su hermano Juan de Montejo para construir ahí una casa (González 2020:18).

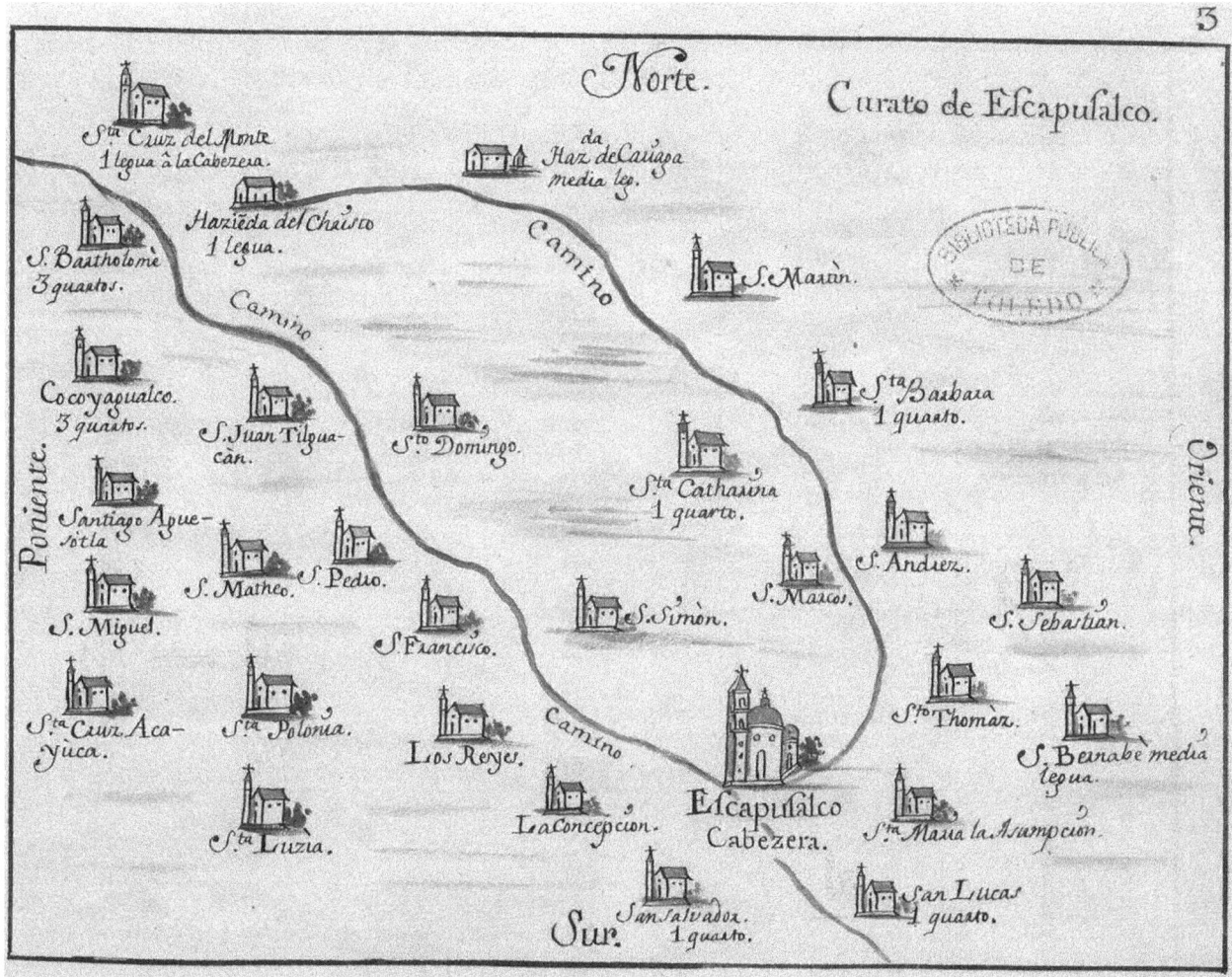

Figura 3.1. Plano del curato y capillas de Azcapotzalco en 1767. Al sur de observa la capilla de San Salvador [Nextengo]. Fuente: "Curato de Efcapufalco", Lám. 3, del *Atlas eclesiástico del Arzobispado de México*, Colección Borbón Lorenzana, Fondo Antiguo, Manuscrito 366, Biblioteca de Castilla-La Mancha, Toledo, España.

comales, salineras y figurillas dentro de capas alteradas con material cerámico virreinal y moderno (2007: 201). La importancia en estos materiales es la similitud tanto de la cerámica localizada en excavación como del tipo de relleno, los cuales son muy similares a lo registrado en el predio objeto de este trabajo localizado en el barrio de San Salvador Nextengo.

3.2 Antecedentes de investigación

Las primeras investigaciones en Azcapotzalco fueron realizadas en 1911 por Manuel Gamio (1913) en el barrio de San Miguel Amantla (en el extremo suroeste de la alcaldía), estableciendo una secuencia ocupacional de tres culturas, la de cerros, la teotihuacana y la mexica. Posteriormente en 1918 (Gamio 1918) realizó excavaciones en el atrio de la parroquia de Felipe y Santiago de Azcapotzalco encontrando un piso de estuco a una profundidad de 2.25 metros con cerámica teotihuacana y asociadas con materiales de época mexica (Córdoba 1997: 5).

Durante los trabajos derivados del "Proyecto Línea 7 del Metro", se excavaron en el atrio antes mencionado, tres nuevos pozos permitieron corroborar que la cerámica reportada por Gamio como teotihuacana es en realidad de origen tolteca específicamente de los tipos denominados Mazapa y Jarra de acuerdo a la clasificación de Cobean (1990). En estas excavaciones fue identificado el piso de estuco reportado con anterioridad también por Gamio, lo que permitió proponer la existencia de una posible plaza prehispánica debajo del atrio parroquial y posiblemente construida durante el siglo XV (Córdoba 1997: 5).

De igual manera en uno de los pozos y desplantando sobre dicho piso, se localizó un núcleo de adobe conservado hasta los tres metros de altura, lo que se interpretó como el relleno del posible *teocalli* de Azcapotzalco (Córdoba 1997: 5).

De nueva cuenta en el barrio de San Miguel Amantla y posteriormente en la colindante colonia de Santiago Ahuizotla; las excavaciones efectuadas por Tozzer (1921), Vaillant (1934), Séjourné (1957) y Cepeda (1977) aportaron valiosos datos sobre la ocupación clásica de Azcapotzalco, permitiendo definir la cronología y tipos cerámicos destacando la identificación del tipo "Coyotlatelco" correspondiente al Epiclásico (Córdoba 1997: 6; Lam 2015: 39).

Según las investigaciones realizadas en lo referente al Preclásico, Azcapotzalco y especialmente en el área de San Miguel Amantla tiene su inicio en la fase Zacatenco (800 al 400 a.C.). En las exploraciones de la línea 7 del metro se identificó la existencia de una aldea que a partir del aprovechamiento de los recursos de su entorno lograron su subsistencia. Ya en la fase Ticomán (400 a.C. al 100 d.C.), se da el abandono de asentamientos de la fase anterior y se tendió a la centralización en torno a sitios grandes con arquitectura publica que fungían como centros político-económicos (Lam 2015: 39). Córdoba (1997) apunta que en el caso de San Miguel Amantla su ocupación es del Preclásico y Clásico, San Lucas Atengo y Santa Cruz Acayucan con ocupación hacia el Posclásico Temprano y finalmente en el caso de San Salvador Nextengo con ocupación de las fases Azteca II y III.

Hacia el Clásico (100-750 d.C.) se ha podido corroborar existencia de un sitio teotihuacano por medio de las excavaciones y salvamentos realizados en San Miguel Amantla, Santiago Ahuizotla y Santa Lucia Tomatlán, localizando diversos restos arquitectónicos de conjuntos habitacionales conformados por patios, varios cuartos, y pisos de estuco o apisonados. De igual manera se han recuperado entierros, ofrendas, herramientas de obsidiana, objetos de hueso trabajado y cerámica; lo que ha permitido identificar áreas de especialización productiva, así como canales artificiales y zonas con fines agrícolas, basureros y bancos de materiales. También se identificaron áreas asociadas a la producción de figurillas modeladas y adobes, hornos de piedra bola y planta circular; así como huesos de animales como lo son canidos, guajolote, pato, perico, tortuga, pecarí y venado que posiblemente estén asociados al consumo (Lam 2015: 40-41).

A partir de los estudios previos se ha podido precisar una ocupación en la zona desde el Preclásico Medio hacia el Clásico, que durante la fase Xolalpan presenta su máxima expansión la cual es reflejada por la cantidad y variedad cerámica; calculando su extensión territorial en un aproximado de 200 hectáreas, esto de acuerdo con las estimaciones hechas por Sanders, Parsons y Santley (1979). Hasta 1997 se tenían identificadas 6 unidades habitacionales fechadas hacia el periodo Clásico las cuales fueron construidas con cimentaciones de piedra, muros de adobe y pisos de tepetate además de presentarse con un ordenamiento y distribución tipo patio y siguiendo un patrón de estilo teotihuacano (Córdoba 1997: 6). Durante el Epiclásico, el sitio se redujo considerablemente, transformándose en un poblado de poca importancia, esto reflejándose a partir de la poca presencia de cerámica del tipo Coyotlatelco en comparación con otros tipos pertenecientes al Clásico. Esto se da entre el 750 y 900 d.C. con las evidencias aportadas por Tozzer (1921) y en referencia al montículo llamado "Loma Coyotlatelco" (Lam 2015: 41).

Ya durante el Posclásico, las alianzas y movimientos políticos mencionados en el apartado anterior generaron su conquista por parte de la Triple Alianza en la llamada Guerra Tepaneca, quedando Azcapotzalco dividido en 15 barrios tepanecas y 14 barrios mexicanos de los cuales se tiene una continuidad y registro hasta 1918 (Córdoba 1997, Lam 2015: 41).

Otra línea de investigación que se ha suscitado a partir de la intervención de obras y salvamentos, es sobre el identificación y reconocimiento de la fauna Pleistocenica en la región de Azcapotzalco. En el pasado y como límite norponiente de la rivera del lago de Texcoco; la fauna del Pleistoceno Tardío habito esta región de tierra firme siendo entre los más representados el Mamut. Estos ejemplares permiten inferir en la existencia de pastizales o sabanas en los alrededores del lago y situándolos en una antigüedad de entre 20 a 16 mil años antes del presente (Arroyo-Cabrales y Aguilar 2015: 30-33). De igual manera en el informe presentado por Cárdenas Argudín y Robinson Fuentes (s/f), se identificó los restos de un Mamut (*Archidiskodon imperator*) durante las obras del metro línea 6, el cual fue localizado debajo de una secuencia de capas verdes y azules que fueron de 4 a 5 metros de profundidad y con una cronología de 15 a 20 mil años antes del presente (Montaño 2000: 8). Por su parte en la estación Tezozómoc se rescató una mandíbula inferior de Caballo (*Equus conversidens*) y en la estación Azcapotzalco, retos de Bisonte Americano (*Bison bison*) con datación de 20 mil años antes del presente (Lam 2015: 39).

Dentro de las labores de rescates y salvamento solo por mencionar algunas, se tiene los resultados de las excavaciones realizadas en San Juan Huacalco. Este barrio fechado para el siglo XV de acuerdo con Gudiño (2007: 198) tuvo la necesidad de realizar un estudio arqueológico de factibilidad para la ampliación y modificación de áreas anexas a la capilla colonial del mismo nombre. El "Lugar de los Huacales" o Huacalco tuvo un nombre anterior de origen prehispánico: Coacalco o "Casa de la Serpiente". Este tipo de proyectos han aportado datos importantes para la compresión de los sitios ahí localizados. Un ejemplo de ello es el camino sur de Nextengo, el cual se sabe que funciono como camino prehispánico y que unía el sitio de San Miguel Amantla con los barrios del sur de Azcapotzalco y hacia el este apuntaba el sitio de Nextengo. Adicional a esto, los montículos "teotihuacanos" reportados por Gamio a principios de siglo son lo que se encuentran en los límites de la refinería 18 de marzo antes llamado Santa Lucía (Robinson s/f: 3).

Durante el Salvamento Nextengo Azcapotzalco (Robinson s/f), se realizaron pozos de sondeo en los cuales se identificó un piso de estuco y restos humanos. En cuanto a los materiales líticos se identificaron lascas, raspadores, una navajilla, una punta de proyectil y un besote; mientras que, en lo referente a las piedras de molienda, se identificaron cuatro fragmentos de manos de metate y una esquina de metate. Por su parte, los materiales cerámicos obtenidos consistieron en fragmentos cafés sobre claro y obscuro burdo de superficie pulida, cerámica negra sobre naranja, rojo pulido y negro-blanco sobre rojo pulido. Estos elementos estuvieron representados por platos,

Figura 3.2. Barrios tepanecas y mexicanos en de Azcapotzalco, se puede observar el límite del Lago de Texcoco y algunos islotes cercanos con sentamientos humanos (Tomado y modificado del plano de González 1968 [1980]).

cajetes trípodes, molcajetes, ollas, jarras, ollas con asa horizontal, comales y figurillas.

Los elementos fueron identificados en niveles donde la coloración de la tierra fue castaño obscuro y se finalizó la intervención al llegar a una capa de tierra arenosa color café obscuro con ausencia de materiales, lo que hace suponer que se trató de una orilla pantanosa de lo que fue el Lago de Texcoco (Robinson s/f: 9-13) (ver figura 3.2). Para este sitio se evidencian materiales desde el periodo Preclásico representado por las figurillas de tradición teotihuacana, y el resto de los materiales para las fases Azteca II y Azteca III (Robinson s/f: 13).

Otros de los trabajos realizados en la región de Azcapotzalco son el de Ahuacatitla en 1981 por Samuel Cárdenas (s/f) para la construcción de un nuevo estacionamiento donde fueron localizados restos de pisos, canales, cimientos y alfarería de la fase Azteca III. El proyecto realizado en el predio La Escuadra de San Miguel Amantla, Azcapotzalco entre las calles Morelos y Providencia y así como el del camino a Nextengo, Fovissste en 1989, localizarón piezas completas teotihuacanas y 2 canales, uno de ellos artificial y fechado para la fase Xolalpan (450-650 dC.) (Montaño 2000: 8).

Agustín Ortega (1987) durante los trabajos de la línea 7 del metro Camarones Oriente evidenció material cronológico que va del Posclásico Tardío a la Época Colonial (Montaño 2000: 8-9). Montaño (2000) por su parte en el predio de Azcapotzalco #475, localizo cerámica tipo bayo (posiblemente colonial), negro sobre naranja pulido (Azteca III), rojo sobre bayo (posiblemente Coyotlatelco) y café teotihuacano.

Arqueología Urbana en San Salvador Nextengo

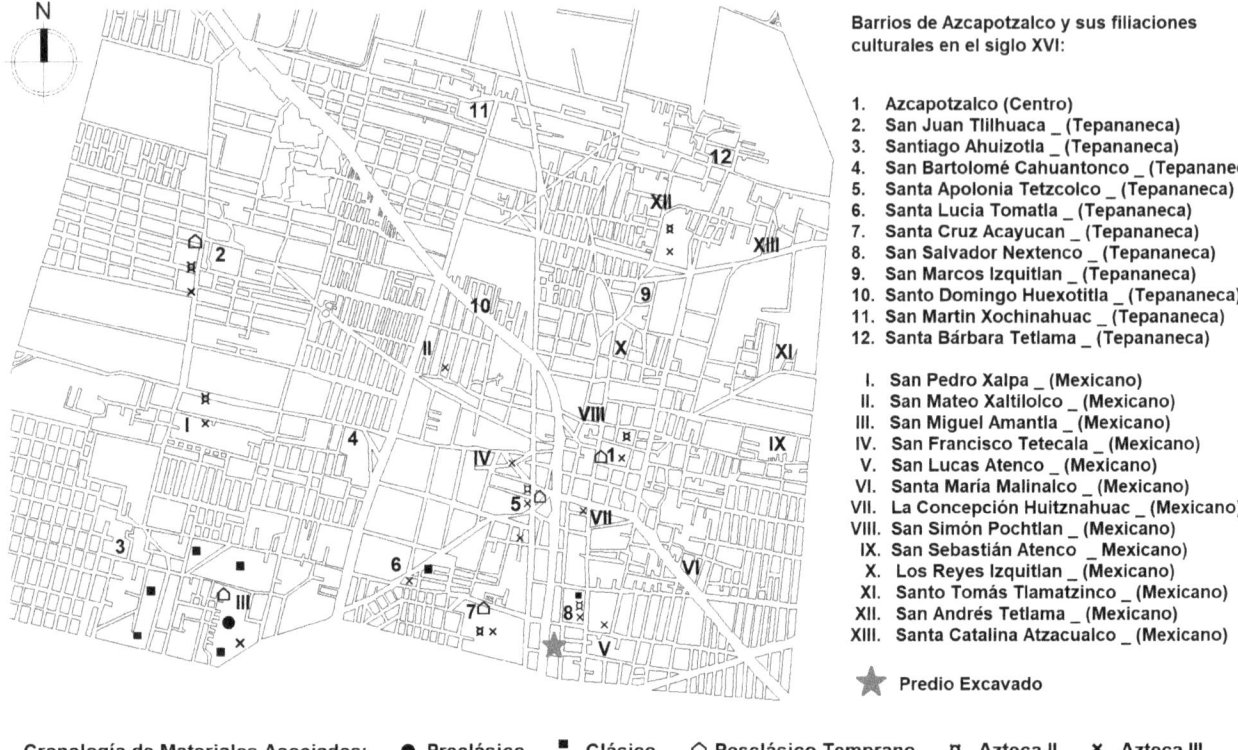

Figura 3.3. Distribución de los barrios en Azcapotzalco hacia el siglo XVI. En números arábigos, los sitios de ocupación Tepanca y en números romanos o latinos los de filiación Mexicana. Se observa en el plano la cronología establecida para los años 80's con respecto a los materiales cerámicos localizados en la región. El número 8 corresponde al barrio de San Salvador Nextengo (Tomado y modificado de Córdoba 1997: 7, 46).

4

Salvamento arqueológico en San Salvador Nextengo

4.1 Objetivo del salvamento arqueológico

La arqueología de salvamento o en palabras de López (2007:11) "de protección", es producto de un panorama que conlleva un crecimiento poblacional en mayor parte desmedido y generalmente no planificado como lo puede ser la mayor demanda de abastecimiento de energía, agua potable, servicios, alimentos, drenaje, vialidades, uso agrícola, minera, vivienda entre otros. Ante la modificación de usos y tenencia de los espacios que pudieran generar la pérdida total o parcial de vestigios e indicadores de restos de sociedades pasadas; se ha generado una demanda o necesidad en el que la arqueología en México se ha visto forzada a trabajar con estrategias, plazos y recursos usualmente limitados en tiempo y espacio para el desarrollo de sus actividades (López 2007:11-12).

Para este caso, la arqueología de salvamento relacionada a espacios o áreas urbanas recae por lo general en predios donde usualmente corresponde a espacios reducidos, donde la investigación se realiza en lapsos de tiempo cortos, con poco recurso y presiones principalmente de tipo social (Carballal, Ortuño y López 2005:24).

Un salvamento arqueológico se plantea como una situación de emergencia ante la proyectada o inminente destrucción de una parte del patrimonio arqueológico. Alejandro Martínez (1988 en Suárez y Ojeda 2007) señala que el objetivo de la arqueología de salvamento es la investigación y recuperación de evidencias culturales que están en peligro de destrucción por alguna obra de infraestructura, saqueo o causa natural, así como el procesamiento y la publicación de los datos obtenidos. Agrega que un salvamento arqueológico se realiza después de la inspección y evaluación del problema y se programa un proyecto de investigación.

Por otra parte, José Luis Lorenzo (1998 en Suárez y Sabido 2007) explica que el salvamento arqueológico debe ser una actividad a largo plazo, ya que usualmente tenemos conocimiento previo y que, por tanto, se puede planear. Esto desde luego incluye un trabajo que se desarrolla de forma normal a lo largo de varios meses y puede ser planeado y gestionado para varios años, disponiendo del tiempo necesario para organizar las actividades y, por lo regular, con fondos especiales atribuidos.

En suma, el objetivo del salvamento arqueológico es recuperar, recobrar y rescatar los objetos, datos y materiales que formen parte de nuestro patrimonio cultural y obtener información de los sitios arqueológicos afectados. En el caso del presente salvamento arqueológico hay que considerar su desarrollo dentro de un contexto de acelerado crecimiento y modificación urbana de la Ciudad de México y, por ende, la proyección, edificación, remodelación y/o ampliación de nuevas obras civiles, equipamiento urbano y unidades habitacionales o fraccionamientos. El objetivo principal del salvamento arqueológico es el de obtener la mayor cantidad de información disponible, así como el análisis de los materiales recuperados en campo, su cronología, las características arquitectónicas, entre otros elementos a fin de obtener un panorama general de la población que se estableció en esta área.

4.1.1 Metodología de campo

Después de los antecedes históricos y de investigación antes expuestos, así como del dictamen previo realizado y brevemente desglosado en al inicio de este escrito; la propuesta de intervención consistió de forma inicial en la realización de ocho unidades de sondeo, distribuyendo cinco unidades en el área de ajardinada y tres unidades cercanas a la futura área de construcción esto en consideración del espacio no afectado que estaba disponible (ver figura 4.1). Las unidades fueron distribuidas de dicha manera debido a la existencia de una construcción actual (en color marrón) y una cisterna (en color gris) que limitaba una cuarta parte del predio.

Dichas excavaciones fueron ubicadas en una retícula general y colocadas a manera de cuadros alternados. La retícula tuvo una nomenclatura alfanumérica siendo de Sur a Norte letras y de Este a Oeste, números. Todas las unidades intervenidas fueron controladas en niveles de 0.20 metros para el adecuado manejo e identificación de materiales arqueológicos; así como para dejar en evidencia posibles cambios de capas o rellenos constructivos que dieran información relevante sobre los niveles estratigráficos o cambios de uso durante las posibles fases de ocupación y abandono. Los materiales a su vez fueron controlados y etiquetados por capa, así como separados por tipo de material (cerámica, lítica y vidrio), los cuales se marcaron de la siguiente manera:

Etiqueta:

SALVAMENTO POLO NORTE 35 AZCAPOTZALCO

U (UNIDAD 1, 2, 3...)

C (CUADRO A1, A2, A3...)

CP (CAPA I, II, III, IV...)

N (NIVEL 1m, 2m, 3m...)

Arqueología Urbana en San Salvador Nextengo

MATERIAL

OBSERVACIONES

Material:

SPN 35 AZC.

C (CUADRO A1, A2, A3...)

CP (CAPA I, II, III, IV...)

Cabe mencionar que de acuerdo a los elementos y contextos que se presentaron durante el proceso de excavación, fue necesaria la ampliación de algunas unidades con la finalidad de un adecuado registro y recuperación de los materiales. Con base en el esquema anterior, se observa en la figura 4.1 en mayúsculas ("U") las unidades planeadas y reubicadas según la propuesta y en minúsculas ("u") las ampliaciones. En la misma imagen se observa en color café la edificación existente, en gris la cisterna, el negro corresponde al área de sanitario y registro o fosa de aguas negras, en azul fuerte la instalación de agua potable y en blanco la loza de concreto localizada al fondo del patio. Finalmente, en azul claro el área de construcción y en verde el área de jardín o patio.

Debido a que la obra en cuestión realizaría perforaciones en el subsuelo, fue necesario desarrollar una propuesta que permitiera determinar el potencial arqueológico que pudiera yacer en el predio y evitar afectaciones de los posibles vestigios localizables en la propiedad y minimizar de esta manera la potencial pérdida de información que se pudiera obtener sobre las sociedades pretéritas que habitaron el área.

Dentro de los objetivos planteados al inicio del proyecto se tuvo en consideración a partir del registro estratigráfico, la posible identificación del nivel de terreno original con respecto a la orilla del lago y los posibles cambios que haya sufrido; esto con la finalidad de afinar la secuencia ocupacional del área con base al registro arqueológico (vestigios arquitectónicos, rellenos culturales, niveles de piso y secuencias estratigráficas, materiales, etcétera)[1].

La metodología de campo original como se mencionó con anterioridad, tuvo ligeros cambios o modificaciones de acuerdo con las necesidades generadas durante el proceso de excavación; sin embargo, siempre se consideró la intervención prioritaria en forma de excavación de pozos o en las áreas de mayor susceptibilidad de afectación; entendiendo estas áreas como las destinadas a cimentaciones y zapatas con la finalidad de obtener información del comportamiento estratigráfico.

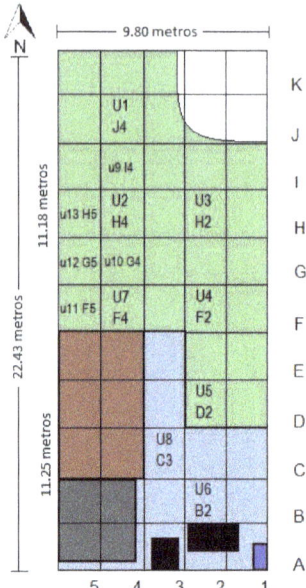

Figura 4.1. Esquema de las unidades de sondeo con respecto a las dimensiones del área de construcción en el predio Polo Norte #35.

Con base en las dimensiones del predio y las necesidades de la obra, así como la finalidad de cubrir toda el área de afectación se consideraron 8 unidades de excavación a manera de pozos de sondeo de 2 por 2 metros, los cuales quedaron ubicados en una retícula general orientada al norte en los cuadros B2, C3, D2, F2, F4, H2, H4 y J4.

Las ubicaciones de las unidades se definieron a partir de las construcciones y modificaciones existentes en el predio; así como de los planos de construcción de la nueva obra que permite la exploración del área de afectación y establecer como área reservada la zona ajardinada que no tendrá afectación del subsuelo. Esto último permite tener conocimiento de los posibles materiales o contextos a ubicar en caso de una futura modificación al predio.

Las unidades se han diseñado de dos por dos metros, sin embargo, y como caso particular; se vio en la necesidad de expandirse hacia unidades vecinas con cuadros de 1 por 1 metro y tomando como origen la esquina superior izquierda y teniendo como referencia el sistema cartesiano de la retícula, siendo el eje "Y" de norte a sur el cual llevó la nomenclatura alfabética, mientras que el eje "X" de este a oeste llevó los números. Esta necesidad se presentó a partir de las excavaciones y los hallazgos realizados en las unidades 2 y 7, esto considerando los elementos localizados que serán descritos más adelante.

Se tomó como nivel 0 u origen, el nivel actual del predio en su punto más alto, tiendo este -0.50 m de diferencia hacia abajo con referencia al nivel de banqueta. A partir de ello, la excavación fue controlada en capas estratigráficas, aunque inicialmente se realizó por niveles métricos de

---

[1] Se ha tomado como referencia el estudio de factibilidad en la privada de Gacetilla No. 17 Col. El Recreo, Delegación Azcapotzalco elaborado por Eleonora Rivera Carretero (2006).

0.20 metros. Esto permitió en las dos primeras unidades observar los cambios paulatinos de texturas y coloración de las capas, lo cual fue determinante para la homogeneidad del registro en las unidades siguientes.

El control de material se efectuó por capa y nivel, así como especificando en cada etiqueta las observaciones más relevantes del nivel de obtención. El material llevo como referencia el número de unidad, cuadro, capa y nivel según la nomenclatura de la cuadricula.

A nivel arqueológico, se registró de forma sistemática las diversas capas culturales e históricas que se logrón identificar; esto con la finalidad de observar los niveles y coloración de la tierra que apoyaran en la determinación de los estratos de ocupación, así como de sus materiales asociados. Para ello, los niveles fueron registrados en fotografía y dibujos de planta, cortes y alzados a escala 1:20.

4.1.2 Desarrollo del cronograma de trabajo

De acuerdo a la propuesta presentada al Consejo de Arqueología, el programa de trabajo fue desarrollado durante tres meses, los cuales fueron ejecutados de la siguiente manera:

1 mes de campo

En este tiempo se considero la exploración de 8 unidades de sondeo, con cinco trabajadores distribuidos en las labores de excavación, cribado y retiro de escombro; así como las actividades de limpieza y lavado de materiales. En este tiempo se logró de igual manera la ampliación de 5 unidades (una de 1 por 1 metro y cuatro de 2 por 1 metro), así como el reenteramiento de las unidades.

1 mes de análisis de materiales

Durante este tiempo se analizó y clasificó el material obtenido de las unidades de excavación, el cual consistió en 15 cajas de materiales recuperados. Estos fueron analizados con base en los muestrarios y bibliografía existentes, así como la elaboración de las tablas correspondientes. Al finalizar dicho análisis, se selecciono el material que fue incluido para la sección de muestrario y se elaboraron las cédulas de registro para los materiales que fueron integrados al Catálogo de la Dirección de Salvamento Arqueológico (CATSA). Para la elaboración de las cédulas se retomó la propuesta de Beltrán, Bonfil y Chema (1997), y como base el trabajo de Castillo y Flores (2017).

1 mes de procesamiento e informe

Al finalizar las labores de análisis y clasificación de materiales, así como las cedulas y tablas correspondientes, se procedió a la elaboración del informe técnico final, el cual fue presentado y aprobado por el Consejo de Arqueología.

Tabla 4.1. Cronograma de actividades desempeñadas durante el proyecto Polo Norte #35.

MES / ACTIVIDAD	1	2	3
1.-Excavación	Julio Agosto		
2.- Análisis de Material		Agosto Septiembre	
3.- Informe			Septiembre Octubre

4.2 Descripción de las actividades de excavación

Como se mencionó en los antecedentes generales del predio, las unidades de excavación fueron distribuidas en las áreas libres del predio, liberando la cisterna de 3.5 por 3.5 metros y la construcción de 6 metros norte a sur por 4 metros de este a oeste y en la futura área ajardinada. Ambas modificaciones contemporáneas estuvieron ubicadas en la esquina suroeste del predio y ocupando la mitad del área proyectada para la construcción.

La cuadricula fue anclada a la esquina sureste del predio, liberando la banqueta y respetando el nivel de terreno, teniendo una diferencia de desnivel de 0.50 metros con respecto a la la banqueta. La primera hilera de la cuadricula A1 – A5 se dejó como testigo y sin intervención al tener parte de la cisterna (A5 y A4), un registro sanitario y sumidero (A3 y A2) y la instalación de agua potable (A1).

Para facilitar el tránsito dentro del predio se planteó iniciar las excavaciones del fondo del mismo hacia el frente, esto tanto por seguridad del personal al transitar, como para facilitar el rellenado de las unidades después de la excavación y registro.

Las capas estratigráficas en todas las unidades fueron homogéneas, con ligeras variantes en cuanto a grosor en las distintas unidades y algunos niveles solo se presentaron entre los estratos irregulares representados en todo el predio. El nivel de excavación se detuvo entre los 2.5 y 3 metros según la unidad y las capas estratigráficas registradas, esto se debió a que en el 95% de las unidades intervenidas, los materiales solo tuvieron presencia entre los 0.20 y 1.20 metros; teniendo de esta manera entre 2.30 y 2.80 metros de capa estéril. De igual manera el cierre se considero a partir de una capa de tierra negra compacta y arcillosa la cual presento un 80% de humedad lo cual llevo a inferir en una posible proximidad a lo que fue las cercanías de la ribera del lago. La textura de los niveles en cuanto a su granulometría fue de muy fino (menos de

1 milímetro de diámetro) a medio (2 a 5 milímetros de diámetro).

Las presentes medidas son en promedio y no reflejan todas las excavaciones las cuales serán descritas de forma individual, sin embargo, lo que se pretende es un panorama general del predio y de los niveles obtenidos.

El nivel 0 corresponde al nivel actual del predio, el cual esta nivelado a causa de a retroexcavadora introducida por el propietario anterior que realizo la "limpieza"[2] antes de su venta al dueño actual. Sin embargo, el predio aun presento una primera capa (Capa I) desde el nivel actual del terreno hasta los 0.50 metros, un relleno actual que exhibió desechos de material constructivo (cascajo o escombro) y en el cual no se tuvo la presencia de materiales arqueológicos. Dicho relleno también estuvo conformado por una tierra de coloración bayo y de textura arenosa, compacta y de granulometría media (2 a 5 milímetros de diámetro) y de coloración 2.5 YR 6/1 correspondiente al tipo *reddish gray* en la tabla Munsell (2009), posiblemente producto tanto del arrastre del material depositado como del intemperismo.

La segunda capa (Capa II) tuvo por medidas promedio de 0.10 a 0.38 metros, la capa presento materiales cerámicos. El relleno consistió en tierra color bayo y con textura arenosa de granulometría fina de 1 a 2 milímetros de diámetro y de coloración 2.5 YR 6/2 *pale red* de acuerdo con la tabla Munsell (2009).

Por su parte en la Capa III, el relleno consistió en tierra café obscuro de textura arenosa de granulometría fina entre 1 y 2 milímetros y de tipo 10 YR 3/1 *very dark gray* de acuerdo a la tabla Munsell (2009).

En la Capa IV, el relleno estuvo conformado por tierra de color café obscuro y con textura opaca y arenosa, con granulometría media de 2 a 5 milímetros y de coloración Munsell (2009) tipo 2.5 YR 3/1 *dark reddish gray*.

La Capa V tuvo un relleno que consistió en tierra negra compacta correspondiente a la clasificación 5 Y 2.5/1 *black* en la tabla Munsell (2009). Por su parte el relleno de la Capa VI presento una tierra de color café obscuro y con textura opaca y arenosa, con granulometría media de 2 a 5 milímetros y de coloración Munsell (2009) tipo 2.5 YR 3/1 *dark reddish gray*.

La Capa VII estuvo conformada por un relleno de tierra de color café obscuro rojizo, con textura opaca y arenosa, con granulometría media de 2 a 5 milímetros y de coloración Munsell (2009) tipo 2.5 YR 6/3 *light yellowish brown*. Por su parte la Capa VIII tuvo un relleno igual al de la capa VI, el cual consistió en tierra café obscura compacta de textura húmeda, con granulometría media de 2 a 5 milímetros y con coloración 7.5 YR 3/1 *very dark gray* con base en la tabla Munsell (2009).

Finalmente, para la Capa IX, el relleno estuvo conformado por tierra de color café obscuro rojizo, con textura opaca y arcillosa, granulometría media de 2 a 5 milímetros y de coloración Munsell (2009) tipo 2.5 YR 3/2 *dusky red*. En esta capa, la consistencia fue húmeda y muy compacta, por lo que, considerando la dureza de la misma y la de ausencia de materiales, se determinó este como el nivel máximo de excavación siendo 3 metros la medida de referencia y con la cual se procedió al cierre de unidades.

Las figuras empleadas para ejemplificar los estratos de las excavaciones fueron elegidas priorizando los perfiles este y oeste siendo el punto más cercano y lejano del límite del Lago de Texcoco respectivamente y considerando que los perfiles norte y sur no presentaron cambios o variaciones sustanciales en sus estratos.

---

[2] El propietario actual refiere que el anterior dueño fue constructor y que el predio fue utilizado como almacén de desecho, cascajo y escombro de sus obras, por lo cual, al vender, realizo limpieza con maquinaria pesada para remover la mayoría del escombro alojado en el lugar.

5

Excavaciones

5.1 Sondeos estratigráficos

5.1.1 Unidad 1

Cuadro J-4

Dimensiones: 2 por 2 metros

Profundidad: 3 metros

Estratos: Capa I

De 0 a 0.20 metros consistió en un relleno actual conformado por desechos de material constructivo (cascajo o escombro), no presento materiales. El relleno consistió en tierra de coloración bayo, de textura arenosa, compacta, con una granulometría media de 2 a 5 milímetros de diámetro y de coloración 2.5 YR 6/1 correspondiente al tipo *reddish gray* en la tabla Munsell (2009).

Capa II

De 0.20 a 0.50 metros, la capa presento materiales cerámicos. El relleno consistió en tierra color bayo, con textura arenosa de granulometría fina de 1 a 2 milímetros de diámetro y de coloración 2.5 YR 6/2 *pale red* de acuerdo con la tabla Munsell (2009).

Capa III

De 0.50 a 1 metro, presento materiales cerámicos hasta los 0.80 metros. El relleno consistió en tierra café obscuro de textura arenosa de granulometría fina entre 1 y 2 milímetros y de tipo 10 YR 3/1 *very dark gray* de acuerdo a la tabla Munsell (2009).

Capa IV

De 1 a 1.20 metros, esta capa no presento materiales. El relleno consistió en tierra de color café obscuro y con textura opaca y arenosa, de granulometría media de 2 a 5 milímetros y coloración Munsell (2009) tipo 2.5 YR 3/1 *dark reddish gray*.

Capa V

De 1.20 a 1.38 metros, tampoco presento materiales. Su relleno consistió en tierra negra compacta correspondiente a la clasificación 5 Y 2.5/1 *black* en la tabla Munsell (2009).

Capa VI

De 1.38 a 2 metros, la capa no presento materiales. El relleno consistió en tierra de color café obscuro y con textura opaca y arenosa, con granulometría media de 2 a 5 milímetros y de coloración Munsell (2009) tipo 2.5 YR 3/1 *dark reddish gray*.

Capa VII

De 2 a 2.50 metros, de igual forma no presento materiales. El relleno consistió en tierra de color café obscuro rojizo, con textura opaca y arenosa, de granulometría media de 2 a 5 milímetros y de coloración Munsell (2009) tipo 2.5 YR 6/3 *light yellowish brown*.

Capa VIII

De 2.50 a 2.80 metros y no presento materiales. El relleno consistió en tierra café obscura compacta de textura húmeda, con granulometría media de 2 a 5 milímetros y con coloración 7.5 YR 3/1 *very dark gray* con base en la tabla Munsell (2009).

Capa IX

De 2.80 a 3 metros, la capa no presento materiales. El relleno consistió en tierra de color café obscuro rojizo, con textura opaca y arcillosa, granulometría media de 2 a 5 milímetros y de coloración Munsell (2009) tipo 2.5 YR 3/2 *dusky red*.

Características: La unidad en su totalidad solo consistió en diversos niveles de terreno natural y los materiales asociados fueron localizados entre 0.20 y 0.80 metros.

Materiales Recuperados: La unidad presento los siguientes tipos cerámicos, Azteca II Anaranjado Monocromo; Azteca II Negro sobre Anaranjado; Azteca III Temprano Negro sobre Anaranjado; Anáhuac Anaranjado Monocromo; Cuenca Café Monocromo; Canal Café Monocromo; Xochimilco Crema Monocromo; Xochimilco Negro y Blanco con Rojo sobre crema; Lagos Anaranjado Impreso; Azteca Alisado Anaranjado Monocromo; Pulido Anaranjado Monocromo; Azteca III Tardío Anaranjado Monocromo; Azteca III Tardío Negro sobre Anaranjado; Azteca IV Negro sobre Anaranjado; Azteca Rojo o Negro Pulido Orejonas; Texcoco Rojo Monocromo, Texcoco Negro sobre Rojo; Texcoco Blanco y Negro sobre Rojo; Texcoco Compuesto; Fragmento de Brasero Café; Malacate; Pipas; Figurillas; Comales; Mayólica Indefinida Crema ó Blanca, tradición Ciudad de México; San Luis Policromo; Vidriado Transparente Negro y Verde Transparente; Vidriado Transparente Verde Transparente; Vidriado Transparente Verde, Transparente u Ornado; Loza Crema sin decoración y Mayólica Indefinida Policroma Tradición Ciudad de México.

Observaciones: Posterior a los 0.80 metros, la unidad se mantuvo estéril hasta detener la excavación a 3 metros de profundidad, considerando la dureza del nivel con una consistencia arcillosa y la ausencia de materiales.

Figura 5.1. Unidad 1, cuadro J4 antes de la excavación.

Figura 5.3. Unidad 1, cuadro J4, perfil oeste.

Figura 5.2. Unidad 1, cuadro J4, perfil este.

Figura 5.4. Unidad 1, cuadro J4 al cierre de la excavación.

5.1.2 Unidad 2

Cuadro H-4

Dimensiones: 2 por 2 metros

Profundidad: 2.5 metros

Estratos: Capa I

De 0 a 0.45 metros consistió en un relleno actual conformado por desechos de material constructivo (cascajo o escombro), presento materiales a partir de los 0.40 m. El relleno consistió en tierra de coloración bayo y de textura arenosa, compacta, de granulometría media de 2 a 5 milímetros de diámetro y de coloración 2.5 YR 6/1 correspondiente al tipo *reddish gray* en la tabla Munsell (2009).

Capa IA

Esta capa se localizó a la mitad del perfil sur de la unidad y estuvo presente entre los 0.40 y los 2.20 m. En esta sección se presentó la mayor concentración de materiales obtenidos de la unidad hasta 1.15 metros. El relleno consistió en tierra color café, con textura arenosa y ligeramente compactada de granulometría media 2 a 5 milímetros y de coloración 2.5 YR 3/3 *dark reddish brown* de acuerdo con la tabla Munsell (2009).

Capa II

De 0.45 a 1.45 metros, la capa presento materiales cerámicos, líticos y vidrio. Presenta una hilada de piedras con cementante contemporáneo a partir de 0.50 m. El relleno consistió en tierra color bayo, con textura arenosa de granulometría fina de 1 a 2 milímetros y de coloración 2.5 YR 6/2 *pale red* de acuerdo con la tabla Munsell (2009). En 1.30 metros se observó nucleado del muro o alineamiento, posterior a esta medida únicamente se observó tierra con piedra mediana de 0 a 0.20 m. estando estas presentes de forma dispersa. Después de 1.15 m. no hubo presencia de materiales asociados.

Capa III (V en el perfil general[1])

De 1.45 a 1.80 metros, la capa continúo presentando una hilada de piedras con cementante contemporáneo. Se mantuvo la presencia de materiales cerámicos únicamente hasta 1 metro, posteriormente ya no se tuvo la presencia de ningún tipo de material. El relleno consistió en tierra café obscuro de textura arenosa de granulometría fina entre 1 y 2 milímetros y de tipo 10 YR 3/1 *very dark gray* de acuerdo a la tabla Munsell (2009). Continúo la presencia de tierra con piedra mediana de 0 a 0.20 m. estado estas presentes de forma dispersa. No tuvo materiales asociados.

Capa IV (VII en el perfil general)

De 1.80 a 2.40 metros, la capa tuvo ausencia de materiales. El relleno consistió en tierra de color café obscuro rojizo, con textura opaca y arenosa, con granulometría media de 2 a 5 milímetros y de coloración Munsell (2009) tipo 2.5 YR 6/3 *light yellowish brown*. Esta capa estuvo presente en la sección nororiente de la unidad y en resto de los perfiles. La presencia de tierra con piedra mediana de 0 a 0.20 m. la cual estuvo presente de forma dispersa y desapareciendo en 2.10 m. No presento materiales.

Capa V (VIII en el perfil general)

De 2.40 a 2.50 metros, la capa tuvo ausencia de materiales. El relleno consistió en tierra café obscura compacta de textura húmeda, con granulometría media de 2 a 5 milímetros y con coloración 7.5 YR 3/1 *very dark gray* con base en la tabla Munsell (2009). No hubo presencia de materiales.

Capa VI

De 1.80 a 2.20 m. El relleno consistió en tierra de color café obscuro rojizo, con textura opaca y arcillosa, con granulometría media de 2 a 5 milímetros y de coloración Munsell (2009) tipo 2.5 YR 3/2 *dusky red*. Esta capa únicamente se presentó del centro a la esquina suroriente de la unidad. No tuvo presencia de materiales.

Materiales Recuperados: Esta unidad es la que tuvo mayor diversidad de materiales, presentando los siguientes tipos cerámicos, Azteca II Negro sobre Anaranjado; Anáhuac Anaranjado Monocromo; Cuenca Café Monocromo; Xochimilco Crema Monocromo; Xochimilco Blanco sobre Crema; Lagos Anaranjado Impreso; Azteca Alisado Anaranjado Monocromo; Pulido Anaranjado Monocromo; Azteca III Tardío Anaranjado Monocromo; Azteca III Tardío Negro sobre Anaranjado; Azteca IV Negro sobre Anaranjado; Texcoco Rojo Monocromo; Texcoco Negro sobre Rojo; Texcoco Blanco y Negro sobre Rojo; Texcoco Compuesto; Fragmento de Brasero Café; Fragmento de Maqueta; Malacate; Pipas; Figurillas; Comales; San Luis Azul sobre Blanco; Vidriado Transparente Verde ó Negro Manchado Sellado; Vidriado Transparente Negro y Verde Transparente; Vidriado Transparente Verde, Transparente u Ornado; Piso Pasta Verde; Piso Pasta Amarillo; Piso Pasta Policromo; Loza Crema sin decoración; Loza Fina Bandas Azules sobre Blanco; Loza Fina Bandas Anaranjadas sobre Blanco; Loza Fina Rosa sobre Blanco con Bandas Oro y Plata; Porcelana Blanca; Vidriado Café Obscuro Acanalado Cilíndrico; Mayólica Indefinida Policroma; Mayólica Indefinida Policroma Tradición Ciudad de México y Oaxaca Policromo.

Observaciones: Posterior a los 0.80 metros, la unidad se mantuvo estéril hasta detener la excavación a 3 metros

---
[1] Refiero a perfil general al resultado de verificación de estratos una vez realizadas las expansiones de excavación y de haber realizado una unificación de las capas de acuerdo a las texturas y correspondencias con la tabla Munsell. Esta unificación correspondió a las unidades 2, 7, 9, 10, 11, 12 y 13. Finalmente sirvió para homogeniza con el resto de las unidades del predio (1, 3, 4, 5, 6 y 8).

de profundidad, considerando la dureza del nivel con una consistencia arcillosa y la ausencia de materiales.

Figura 5.5. Unidad 2, cuadro H4, antes de la excavación.

Figura 5.6. Unidad 2, cuadro H4, al cierre de la excavación.

Figura 5.7. Unidad 2, cuadro H4, detalle de la excavación a 1.20 metros, ejemplo del perfil norte donde se observa el desmantelamiento de una parte del muro.

Figura 5.8. Unidad 2, cuadro H4, detalle del "alineamiento" de muro "trasero".

Figura 5.9. Unidad 2, cuadro H4, detalle del arranque y tipo nucleado para el "muro" a 1.30 de profundidad.

Figura 5.10. Unidad 2, cuadro H4, detalle estratigráfico por debajo del nucleado.

5.1.3 Unidad 3

Cuadro H-2

Dimensiones: 2 por 2 metros

Profundidad: 3 metros

Estratos: Capa I

De 0 a 0.45 metros consistió en un relleno actual conformado por desechos de material constructivo (cascajo o escombro), no presento materiales. La capa consistió en tierra de coloración bayo y de textura arenosa, compacta, de granulometría media de 2 a 5 milímetros de diámetro y de coloración 2.5 YR 6/1 correspondiente al tipo *reddish gray* en la tabla Munsell (2009).

Capa I A

Esta capa se localizó en la sección norte de la unidad y en las mitades noreste y noroeste de ambos perfiles. Estuvo presente entre los 0.20 y 0.45 hasta los 0.65 metros. En esta sección se presentó la mayor concentración de materiales obtenidos de la unidad. El relleno consistió en tierra color café, con textura arenosa y ligeramente compactada de granulometría media 2 a 5 milímetros y de coloración 2.5 YR 3/3 *dark reddish brown* de acuerdo con la tabla Munsell (2009).

Capa I B

Esta capa únicamente se presentó en la sección sur de la unidad y correspondió a una acumulación de sedimento posiblemente de uno de los sondeos se cimentación previamente realizados por el propietario para corroborar la estabilidad de los muros. Considerando el nivel 0 de la unidad y del perfil, este estrato tuvo 0.40 metros de espesor, teniendo 0.25 sobre el nivel del predio y 0.15 de profundidad bajo este mismo. Presento materiales descontextualizados por remoción del tipo Azteca III Negro sobre Anaranjado y Texcoco Negro sobre Rojo, los cuales fueron previamente mencionados en la inspección del predio. El relleno consistió en tierra color café, con textura arenosa y suelta de granulometría media 2 a 5 milímetros con una coloración tipo 2.5 YR 3/3 *dark reddish brown* de acuerdo con la tabla Munsell (2009).

Capa II

De 0.65 hasta 1-1.30 metros de profundidad y únicamente presento materiales hasta los 0.90 metros. El relleno consistió en tierra color bayo, con textura arenosa de granulometría fina de 1 a 2 milímetros de diámetro y de coloración 2.5 YR 6/2 *pale red* de acuerdo con la tabla Munsell (2009).

Capa II A

Esta capa únicamente apareció de la esquina noroeste de la unidad hasta la mitad del perfil oeste de la misma, teniendo por medidas entre 1 y 1.20 metros. No presento materiales.

Capa III

De 1.30 a 1.60 metros. El relleno consistió en tierra café obscuro de textura arenosa, granulometría fina entre 1 y 2 milímetros, de tipo 10 YR 3/1 *very dark gray* de acuerdo a la tabla Munsell (2009) y no presento materiales asociados.

Figura 5.11. Unidad 3, cuadro H2, antes de la excavación.

Figura 5.12. Unidad 3, cuadro H2, perfil este

Capa IV

De 1.60 a 2.30 metros. El relleno consistió en tierra de color café obscuro y con textura opaca y arenosa, con granulometría media de 2 a 5 milímetros y de coloración Munsell (2009) tipo 2.5 YR 3/1 *dark reddish gray* y al igual que la capa anterior, no tuvo presencia de materiales.

Figura 5.13. Unidad 3, cuadro H2, perfil oeste.

Figura 5.14. Unidad 3, cuadro H2, al cierre de la excavación.

Capa V

De 2.30 a 2.55 metros. El relleno consistió en tierra negra compacta correspondiente a la clasificación 5 Y 2.5/1 *black* en la tabla Munsell (2009). No presento materiales.

Capa VI

De 2.55 a 3 metros. El relleno consistió en tierra color café obscuro y con textura opaca y arenosa, con granulometría media de 2 a 5 milímetros y de coloración Munsell (2009) tipo 2.5 YR 3/1 *dark reddish gray*. No presento materiales asociados.

Características: La unidad a su totalidad solo consistió en relleno y diversos niveles de terreno natural donde los materiales asociados fueron localizados entre 0.20 y 0.90 metros.

Materiales Recuperados: Esta unidad tuvo como elementos cerámicos localizados los tipos, Azteca II Anaranjado Monocromo; Azteca II Negro sobre Anaranjado; Azteca III Temprano Negro sobre Anaranjado; Anáhuac Anaranjado Monocromo; Cuenca Café Monocromo; Canal Café Monocromo; Xochimilco Blanco sobre Crema; Lagos Anaranjado Impreso; Azteca Alisado Anaranjado Monocromo; Pulido Anaranjado Monocromo; Azteca III Tardío Anaranjado Monocromo; Azteca III Tardío Negro sobre Anaranjado; Azteca IV Negro sobre Anaranjado; Texcoco Rojo Monocromo; Texcoco Negro sobre Rojo; Texcoco Blanco y Negro sobre Rojo; Texcoco Compuesto; Fragmento de Brasero Café; Resonador; Malacate; Pipas; Figurillas; Cuauhtitlán Negro Grafito sobre Rojo; San Luis Azul sobre Blanco; Puebla Policromo; Vidriado Transparente Verde ó Negro Manchado Sellado; Vidriado Transparente Negro y Verde Transparente; Verde Vidriado; Vidriado Transparente Verde Sellado; Vidriado Transparente Verde, Transparente u Ornado; Loza Fina Blanca; Loza Fina Bandas Azules sobre Blanco; y Porcelana Blanca.

Observaciones: Posterior a los 0.90 metros, la unidad de mantuvo estéril hasta detener la excavación a 3 metros de profundidad, considerando la dureza del nivel con una consistencia arcillosa y la ausencia de materiales.

5.1.4 Unidad 4

Cuadro F-2

Dimensiones: 2 por 2 metros

Profundidad: 3 metros

Estratos: Capa I

0 a 0.25 metros consistió en un relleno actual conformado por desechos de material constructivo (cascajo o escombro), únicamente registrada en los perfiles norte, sur y oeste y no presento materiales. El relleno consistió en tierra de coloración bayo y de textura arenosa, compacta, de granulometría media de 2 a 5 milímetros de diámetro y de coloración 2.5 YR 6/1 correspondiente al tipo *reddish gray* en la tabla Munsell (2009).

Capa II

De 0.25 a 0.50 metros, esta capa finaliza donde inicia el desplanté del registro de drenaje. Tuvo presencia de materiales cerámicos. El relleno consistió en tierra color bayo y con textura arenosa de granulometría fina de 1 a 2 milímetros de diámetro de coloración 2.5 YR 6/2 *pale red* de acuerdo con la tabla Munsell (2009).

Capa III

De 0.50 a 0.60 metros. Esta capa solo estuvo presente en el perfil norte y la mitad de los perfiles oeste y este.

El relleno consistió en tierra café obscuro de textura arenosa de granulometría fina entre 1 y 2 milímetros y de tipo 10 YR 3/1 *very dark gray* de acuerdo a la tabla Munsell (2009), que pudo ser colocada como "plantilla" para el nivel del registro y colocación del tubo de albañal.

Capa IV

De 0.60 a 1-1.30 metros. El relleno consistió en tierra de color café obscuro y con textura opaca y arenosa, con granulometría media de 2 a 5 milímetros y de coloración Munsell (2009) tipo 2.5 YR 3/1 *dark reddish gray*.

La presencia de materiales fue continua hasta 0.95 metros, posteriormente hubo una considerable disminución en estos, pero aún fueron presentes en la unidad.

Capa V

De 1-1.30 a 1.50 metros. El relleno consistió en tierra negra compacta correspondiente a la clasificación 5 Y 2.5/1 *black* en la tabla Munsell (2009) y únicamente se presentó en la pared norte en una sección "encapsulada" en la esquina noroeste y una cuarta parte del perfil este. Posterior a los 1.40 metros ya no hubo presencia de materiales.

Capa VI

De 1.50 a 1.80 metros en los perfiles norte, sur y oeste, en la sección este va de 0.50 a 1.60 metros. El relleno consistió en tierra de color café obscuro de textura opaca y arenosa, con granulometría media de 2 a 5 milímetros y de coloración Munsell (2009) tipo 2.5 YR 3/1 *dark reddish gray*. No tuvo materiales asociados.

Capa VII

De 1.80 a 2.25 metros. El relleno consistió en tierra de color café obscuro rojizo, con textura opaca y arenosa, de granulometría media de 2 a 5 milímetros y de coloración Munsell (2009) tipo 2.5 YR 6/3 *light yellowish brown*, no presento materiales.

Capa VIII

De 2.25 a 2.50 metros. El relleno consistió en tierra café obscura compacta de textura húmeda, con granulometría

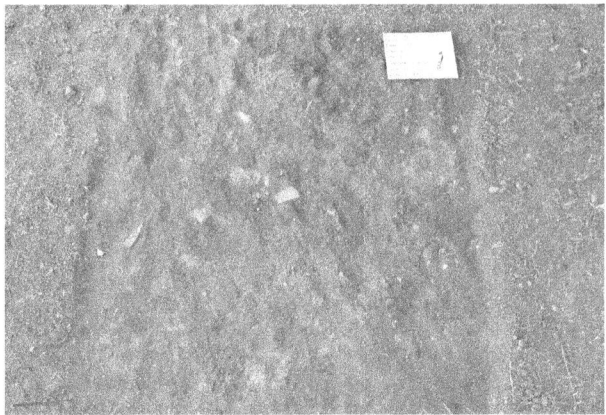

Figura 5.15. Unidad 4, cuadro F2, antes de la excavación.

Figura 5.16. Unidad 4, cuadro F2, perfil este.

Arqueología Urbana en San Salvador Nextengo

Figura 5.17. Unidad 4, cuadro F2, perfil oeste.

Características: La unidad a su totalidad solo consistió en relleno y diversos niveles de terreno natural donde los materiales asociados fueron localizados entre 0.20 y 0.90 metros. En la esquina noreste de la unidad, se encontró un perfil de registro de drenaje elaborado con ladrillos, donde a los 0.35 metros de excavación, se identificó desde este registro hacia la sección este de la unidad y hacia la parte suroeste, un tubo de drenaje de características "gris alisado de campana globular con anillos diametrales", correspondiente al tipo "Albañal".

Esto se identificó debido a una sección perforada por la carga soportada y se corroboro una mezcla de arena y cemento con la cual estuvo fabricado. El cemento al ser un elemento de construcción reciente, se pudo identificar como un elemento de la primera mitad del siglo XX.

Materiales Recuperados: Dentro de los tipos cerámicos localizados en esta unidad se tienen los siguientes, Azteca II Anaranjado Monocromo; Azteca II Negro sobre Anaranjado; Anáhuac Anaranjado Monocromo; Cuenca Café Monocromo; Lagos Anaranjado Impreso; Azteca Alisado Anaranjado Monocromo; Azteca III Especial Inciso (Anaranjado Monocromo Inciso); Pulido Anaranjado Monocromo; Azteca III Tardío Anaranjado Monocromo; Azteca III Tardío Negro sobre Anaranjado; Azteca IV Negro sobre Anaranjado; Texcoco Rojo Monocromo; Texcoco Negro sobre Rojo; Texcoco Blanco y Negro sobre Rojo; Texcoco Blanco Firme sobre Rojo; Texcoco Compuesto; Tejo; Pipas; Figurillas; San Juan Policromo (Fig Springs Policromo); Vidriado Transparente Verde ó Negro Manchado Sellado; Vidriado Transparente Negro y Verde Transparente; Verde Vidriado; Vidriado Transparente Verde Manchado; Vidriado Transparente Verde Transparente; Vidriado Transparente Verde Sellado; Vidriado Transparente Verde, Transparente u Ornado; Vidriado Transparente Negro, Transparente u Ornado; Vidriado Transparente Negro Sellado; Teja Alisada acanalada con muesca; Loza Fina Blanca; Loza Crema sin decoración, y Porcelana Francesa.

Observaciones: Durante la excavación se localizó un jarrón vidriado depositado "boca abajo" a 1.40 metros del nivel del terreno en la sección este de la unidad.

media de 2 a 5 milímetros y con coloración 7.5 YR 3/1 *very dark gray* con base en la tabla Munsell (2009), no presento materiales.

Capa IX

De 2.50 a 3 metros. El relleno consistió en tierra de color café obscuro rojizo, con textura opaca y arcillosa, de granulometría media de 2 a 5 milímetros y de coloración Munsell (2009) tipo 2.5 YR 3/2 *dusky red*. No tuvo presencia de materiales asociados.

Figura 5.18. Unidad 4, cuadro F2, al cierre de la excavación.

Excavaciones

Figura 5.19. Jarrón Vidriado Negro Sellado localizado en la Unidad 4, cuadro F2.

Figura 5.20. Perfil del jarrón localizado en la Unidad 4, cuadro F2 (Número de Inventario CATSA: 49619).

5.1.5 Unidad 5

Cuadro D-2

Dimensiones: 2 por 2 metros

Profundidad: 3 metros

Estratos: Capa I

Únicamente se presentó en los perfiles sur y suroriente de la unidad de 0 a 0.35 metros consistió en un relleno actual conformado por desechos de material constructivo (cascajo o escombro), no presento materiales asociados. El relleno consistió en tierra de coloración bayo de textura arenosa, compacta, de granulometría media de 2 a 5 milímetros de diámetro y de coloración 2.5 YR 6/1 correspondiente al tipo *reddish gray* en la tabla Munsell (2009).

Capa II

Se presentó en las secciones norte, noroeste y este de 0 a 0.70 metros y en la sur de 0.35 a 0.70 metros. En la esquina sureste se localizó un registro de drenaje a base de ladrillo y un tubo de albañal llegando desde el norte sobre el perfil este hacia el registro a 0.50 metros de profundidad. Hubo presencia de materiales hasta 0.60 metros. El relleno consistió en tierra color bayo con textura arenosa de granulometría fina de 1 a 2 milímetros de diámetro y de coloración 2.5 YR 6/2 *pale red* de acuerdo con la tabla Munsell (2009).

Capa III

De 0.70 a 1 / 1.30 metros El relleno consistió en tierra café obscuro de textura arenosa de granulometría fina entre 1 y 2 milímetros y de tipo 10 YR 3/1 *very dark gray* de acuerdo a la tabla Munsell (2009); no presento capa de plantilla para el tubo o para el registro de drenaje el cual desplanta a 0.70 metros y llegando a nivel de superficie. No presento materiales.

Capa IV

De 1-1.30 a 1.70 metros. El relleno consistió en tierra color café obscuro, con textura opaca, arenosa, de granulometría media de 2 a 5 milímetros y de coloración Munsell (2009) tipo 2.5 YR 3/1 *dark reddish gray* y no presento materiales.

Capa V

De 1.70 a 2.35 metros. El relleno consistió en tierra negra compacta correspondiente a la clasificación 5 Y 2.5/1 *black* en la tabla Munsell (2009). No presento materiales asociados.

Capa VI

De 2.35 a 2.65 metros. El relleno consistió en tierra de color café obscuro, con textura opaca, arenosa, granulometría media de 2 a 5 milímetros, coloración Munsell (2009) tipo 2.5 YR 3/1 *dark reddish gray* y no tuvo materiales.

Capa VII

De 2.65 a 3 metros. El relleno consistió en tierra de color café obscuro rojizo, de textura opaca y arcillosa, con granulometría media de 2 a 5 milímetros de coloración Munsell (2009) tipo 2.5 YR 3/2 *dusky red* y no tuvo presencia de materiales.

Características: La unidad en su totalidad solo consistió en relleno y diversos niveles de terreno natural donde los materiales asociados fueron localizados entre 0.20 y 0.90 metros. En la esquina sureste de la unidad, se encontró un perfil de registro de drenaje elaborado con ladrillos, donde a los 0.35 metros de excavación, se identificó desde dicho registro y hacia la sección este de la unidad y hacia la parte suroeste, un tubo de drenaje de características "gris alisado de campana globular con anillos diametrales", correspondiente al tipo "Albañal".

Figura 5.21. Unidad 5, cuadro D2, antes de la excavación

Figura 5.23. Unidad 5, cuadro D2, perfil oeste.

Figura 5.22. Unidad 5, cuadro D2, perfil este.

Figura 5.24. Unidad 5, cuadro D2, al cierre de la excavación.

Esto se identificó debido a una sección perforada por la carga soportada y se corroboro una mezcla de arena y cemento con la cual estuvo fabricado. El cemento al ser un elemento de construcción reciente, se pudo identificar como un elemento de la primera mitad del siglo XX.

Materiales Recuperados: Azteca II Anaranjado Monocromo; Azteca II Negro sobre Anaranjado; Azteca III Temparano Negro sobre Anaranjado; Anáhuac Anaranjado Monocromo; Cuenca Café Monocromo; Lagos Anaranjado Impreso; Azteca Alisado Anaranjado Monocromo; Pulido Anaranjado Monocromo; Azteca III Tardío Anaranjado Monocromo; Azteca III Tardío Negro sobre Anaranjado; Texcoco Rojo Monocromo; Texcoco Negro sobre Rojo; Texcoco Blanco Firme sobre Rojo; Texcoco Compuesto; Vidriado Transparente Verde ó Negro Manchado Sellado; Vidriado Transparente Verde, Transparente u Ornado; Rojo Alisado Inciso; Loza Fina Blanca y Porcelana Blanca.

Observaciones: El registro y tubo localizados corresponden a la misma dirección del localizado en la Unidad 4, Cuadro F-2, Capa II, por lo que se considera que es la misma línea de tuberías conectadas por varios registros en dirección norte a sur. Posterior a los 0.60 metros no hubo presencia de materiales por lo cual se consideró en los 3 metros el cierre de unidad.

5.1.6 Unidad 6

Cuadro B-2

Dimensiones: 2 por 2 metros

Profundidad: 3 metros

Estratos: Capa I

De 0 a 0.45 metros, esta unidad consistió en un relleno actual conformado por desechos de material constructivo (cascajo o escombro), así como una combinación de tubería de albañal y PVC lo cual denota claras modificaciones contemporáneas. Se presentaron materiales a partir de los 0.30 metros de profundidad. La capa fue constituida de tierra con coloración bayo y de textura arenosa, compacta, de granulometría media de 2 a 5 milímetros de diámetro y de coloración 2.5 YR 6/1 correspondiente al tipo *reddish gray* en la tabla Munsell (2009).

Capa II

De 0.45 a 1.80 en el perfil norte, de 0.45 a 1.10 en perfil este y de 0.45 a 0.80-1.20 en perfil oeste. En la sección sur no se presentó este tipo de capa y se tuvo presencia de materiales hasta 1 metro de profundidad. El relleno consistió en tierra color bayo, con textura arenosa de granulometría fina de 1 a 2 milímetros de diámetro y de coloración 2.5 YR 6/2 *pale red* de acuerdo con la tabla Munsell (2009).

Capa II-A

En el perfil norte aparece esta sección "encapsulada" dentro de la capa II entre 0.90 y 1.95 metros, adentrándose ligeramente en la capa VI. Por su parte en la sección sur aparece terminado la capa I y debajo del tubo de albañal en 0.45 m hasta 0.55 m en la sección suroeste, teniendo una máxima profundidad de 1.20 m y llegando en su sección sureste hasta 0.95 m. No se presentó en los perfiles restantes ni hubo presencia de materiales asociados.

Capa III

Esta capa solo estuvo presente en las secciones sureste y oeste de la unidad. En el perfil este de 1.10 m. a 1.35 m., mientras que en el perfil sureste se presentó de 0.55 m. hasta 1.20-1.35 m El relleno consistió en tierra café obscuro de textura arenosa, granulometría fina entre 1 y 2 milímetros de tipo 10 YR 3/1 *very dark gray* de acuerdo a la tabla Munsell (2009) y no se obtuvieron materiales culturales.

Capa IV

En el perfil este estuvo presente de 1.10 m. a 1.35 m. en la sección sur, de 1.35 m. 1.55 m. en su esquina sureste y de 0.95 m. a 1.60 m. en su esquina suroeste. Por su parte en el perfil oeste esta capa se presentó de 0.90 m. a 1.55 m. El relleno consistió en tierra de color café obscuro con textura opaca y arenosa de granulometría media de 2 a 5 milímetros y de coloración Munsell (2009) tipo 2.5 YR 3/1 *dark reddish gray*. No presento materiales.

Capa V

En su perfil norte únicamente aparece del centro de la unidad hacia el oeste de 1.50 m. a 1.80 m., en su sección oeste de 1.55 m. a 1.80 m., en su esquina sur de 1.20 m. a 1.80m., y en su esquina norte termina con un extremo de la capa II-A. Por su parte en el perfil este va de 1.50 m. a 1.80 m. en sus extremos y 1.90 en una pequeña sección al centro del perfil. En la sección sur de la unidad esta capa va de 1.55 m a 1.80 m. en la esquina oeste y a 2.10 en la esquina este. El relleno consistió en tierra negra compacta correspondiente a la clasificación 5 Y 2.5/1 *black* en la tabla Munsell (2009) y no hubo presencia de materiales.

Capa VI

Esta capa tuvo por medidas de 1.80 m. a 2.20 m. en la sección norte; y de 1.80 m. a 2.15 m. en el perfil este, oeste y sur. El relleno consistió en tierra de color café obscuro, con textura opaca y arenosa, con granulometría media de 2 a 5 milímetros y de coloración Munsell (2009) tipo 2.5 YR 3/1 *dark reddish gray*. No presento materiales.

Capa VII

De 2.15-2.20 m. a 2.40-2.70 m. en perfil norte, de 2.20 a 2.75 m. en el noroeste, de 2.15-2.20 m. a 2.40 m. en sección este, de 2.20 m. a 2.50 m. en sección sureste y finalmente de 2.20 m. a 2.45 m. en la sección sur. El relleno consistió en tierra de color café obscuro rojizo, textura opaca, arenosa, con granulometría media de 2 a 5 milímetros y de coloración Munsell (2009) tipo 2.5 YR 6/3 *light yellowish brown*. No tuvo presencia de materiales.

Capa VIII

De 2.40-2.70 m. a 2.80 m. en su sección norte, de 2.40 m. a 2.80 m. en el perfil este, de 2.50 m. 2.75 m. en perfil sur y finalmente 2.75 m. en la esquina sur, mientras que en la esquina norte del perfil oeste alcanzo los 2.90 m. No presento materiales. El relleno consistió en tierra café obscura compacta de textura húmeda, con granulometría media de 2 a 5 milímetros y con coloración 7.5 YR 3/1 *very dark gray* con base en la tabla Munsell (2009).

Capa IX

De 2.75-2.80 m. a 3 m., el relleno consistió en tierra de

Figura 5.25. Unidad 6, cuadro B2, antes de la excavación

Figura 5.27. Unidad 6, cuadro B2, perfil oeste.

Figura 5.26. Unidad 6, cuadro B2, perfil este.

Figura 5.28. Unidad 6, cuadro B2, al cierre de la excavación.

color café obscuro rojizo, con textura opaca, arcillosa, de granulometría media de 2 a 5 milímetros y de coloración Munsell (2009) tipo 2.5 YR 3/2 *dusky red*, no tuvo materiales asociados.

Características: Desde la capa I hasta la capa V se observó irregularidades en las medidas de los estratos con referencia a las demás unidades excavadas en el predio, tuvieron medidas diversas, estando inclusive algunas capas presentes o ausentes entre las mismas. Es posible que se haya debido a la inserción de un registro ubicado hacia la esquina sureste de la unidad y aunado a la modificación del tubo de albañal por PVC, lo que significó la remoción del terreno natural y su posterior relleno.

Materiales Recuperados: Debido a lo anteriormente señalado, esta unidad tuvo una "pobre" presencia de material con apenas 55 elementos recuperados entre los cuales se obtuvo, Azteca II Negro sobre Anaranjado, Anáhuac Anaranjado Monocromo, Cuenca Café Monocromo, Lagos Anaranjado Impreso, Azteca Alisado Anaranjado Monocromo, Pulido Anaranjado Monocromo, Azteca III Tardío Anaranjado Monocromo, Azteca III Tardío Negro sobre Anaranjado, Texcoco Negro sobre Rojo, Figurillas y Vidriado Transparente Verde, Transparente u Ornado.

Observaciones: La diferencia en materiales y niveles estratigráficos con respecto a las demás unidades pudo deberse a la remoción del terreno natural para adecuaciones durante el tiempo de ocupación del predio en años recientes.

5.1.7 Unidad 7

Cuadro F-4

Dimensiones: 2 por 2 metros

Profundidad: 2.5 metros

Estratos: Capa I

De 0 a 0.60 metros consistió en un relleno actual conformado por desechos de material constructivo (cascajo o escombro), no presento materiales. El relleno consistió en tierra de coloración bayo, de textura arenosa y compacta con granulometría media de 2 a 5 milímetros de diámetro y de coloración 2.5 YR 6/1 correspondiente al tipo *reddish gray* en la tabla Munsell (2009).

Capa II

De 0.60 a 1.10 m. El relleno consistió en tierra color bayo de textura arenosa con granulometría fina de 1 a 2 milímetros de diámetro y de coloración 2.5 YR 6/2 *pale red* de acuerdo con la tabla Munsell (2009).

Capa III

De 1.10 a 1.35 m. el relleno consistió en tierra café obscuro de textura arenosa con granulometría fina entre 1 y 2 milímetros y de tipo 10 YR 3/1 *very dark gray* de acuerdo a la tabla Munsell (2009).

Capa IV

De 1.35 a 1.65 m. tuvo un relleno que consistió en tierra de color café obscuro con textura opaca, arenosa y granulometría media de 2 a 5 milímetros. Su coloración de acuerdo con la tabla Munsell (2009) fue del tipo 2.5 YR 3/1 *dark reddish gray*.

Capa V

De 1.65 a 1.90 m. presentó un relleno de tierra negra compacta correspondiente a la clasificación 5 Y 2.5/1 *black* en la tabla Munsell (2009). No presento materiales.

Figura 5.29. Unidad 7, cuadro F4, antes de la excavación.

Figura 5.30. Unidad 7, cuadro F4, perfil este.

Capa VI

De 1.90 m a 2.20 m. tuvo un relleno que consistió en tierra de color café obscuro con textura opaca y arenosa de granulometría media de 2 a 5 milímetros y de coloración Munsell (2009) tipo 2.5 YR 3/1 *dark reddish gray*. No tuvo materiales asociados.

Capa VII

De 2.20 a 2.40 m. el relleno consistió en tierra de color café obscuro rojizo, con textura opaca y arenosa de granulometría media de 2 a 5 milímetros y de coloración Munsell (2009) tipo 2.5 YR 6/3 *light yellowish brown*. No presento materiales.

Capa VIII

De 2.40 m a 2.50 m. el relleno consistió en tierra café obscura compacta de textura húmeda, con granulometría media de 2 a 5 milímetros y con coloración 7.5 YR 3/1 *very dark gray* con base en la tabla Munsell (2009). No presento materiales.

Características: En esta unidad se identificó la esquina sureste de un muro previamente identificado en la Unidad 2. Se registraron materiales de relleno en la primera capa y niveles homogéneos en los siguientes estratos en comparación con la unidad 2. Fue a partir de este elemento que se decidió expandir tres unidades adicionales, la Unidad 9 hacia el norte de la Unidad 2, la Unidad 10 al sur de la anterior mencionada y norte de la actualmente descrita y la Unidad 11 al oeste de esta última.

Materiales Recuperados: Entre los tipos cerámicos recuperados en esta unidad se tienen Anáhuac Anaranjado Monocromo, Cuenca Café Monocromo, Azteca Alisado Anaranjado Compuesto, Azteca III Tardío Anaranjado Monocromo, Azteca IV Negro sobre Anaranjado, Texcoco Rojo Monocromo, Texcoco Amarillo y Blanco sobre Rojo, Teja Alisada acanalada con muesca, Loza Fina Blanca, Loza Fina Bandas Azules sobre Blanco, Loza Fina Bandas Verdes y Grises sobre Blanco, y Vidriado Café Obscuro Acanalado Cilíndrico

Observaciones: Esta unidad se detuvo a 2.50 m de profundidad a partir de dos tipos de rasgos, el primero considerando la ausencia de materiales en las 7 unidades previas después de 1 metro en promedio, y el segundo rasgo se determinó a partir de los mismos rasgos identificados en la Unidad 2, donde se observó una ausencia de materiales desde 0.80 metros de profundidad y el mismo tipo de muro o alineamiento.

Figura 5.31. Unidad 7, cuadro F4, detalle de la esquina del muro proveniente de la Unidad 2.

Figura 5.32. Unidad 7, cuadro F4, al cierre de la excavación.

5.1.8 Unidad 8

Cuadro C-3

Dimensiones: 2 por 2 metros

Profundidad: 3 metros

Estratos: Capa I

De 0 m. a 0.40 m., la capa consistió en un relleno actual conformado por desechos de material constructivo (cascajo o escombro), no presento materiales. El relleno presento tierra de coloración bayo de textura arenosa, compacta y de granulometría media de 2 a 5 milímetros de diámetro con coloración 2.5 YR 6/1 correspondiente al tipo *reddish gray* en la tabla Munsell (2009).

Capa II

De 0.40 m. a 1.20 m., la capa consistió en tierra color bayo y con textura arenosa de granulometría fina de 1 a 2 milímetros de diámetro con coloración 2.5 YR 6/2 *pale red* de acuerdo con la tabla Munsell (2009). No presento materiales asociados.

Capa II-A

Este nivel únicamente se identificó en la esquina noreste de los perfiles norte y este, partiendo de 0.80 m. a 1.90 m. No presento materiales asociados.

Capa II-B

Esta capa únicamente aparece en el perfil este y oeste entre 0.45 m. y 0.58 m. y al centro de los perfiles. Consistió en una capa de gravilla revuelta con tierra de composición arenosa. No tuvo presencia de materiales.

Capa III

De 1.20 m a 1.55 m. se presentó en las secciones este, oeste y sur, mientras que en el caso del perfil norte fue de 1.20 a 1.40 m., mientras que en el caso del perfil norte solo en la esquina noroeste al centro de la unidad El relleno consistió en tierra café obscuro de textura arenosa con granulometría fina entre 1 y 2 milímetros y de tipo 10 YR 3/1 *very dark gray* de acuerdo a la tabla Munsell (2009). No presento materiales.

Capa IV

Se presentó de 1.55 m. a 1.75 m. en las secciones este, oeste y sur, mientras que en el caso del perfil norte fue de 1.40 a 1.60 m. El relleno consistió en tierra de color café obscuro con textura opaca y arenosa de granulometría media de 2 a 5 milímetros de coloración Munsell (2009) tipo 2.5 YR 3/1 *dark reddish gray*. No presento materiales.

Capa V

Estuvo presente de 1.75 a 1.90 m. en las secciones este, oeste y sur, mientras que en el caso del perfil norte fue de 1.60 a 2.20 m. El relleno consistió en tierra negra compacta correspondiente a la clasificación 5 Y 2.5/1 *black* en la tabla Munsell (2009) y no presento materiales.

Figura 5.34. Unidad 8, cuadro C3, perfil este.

Figura 5.33. Unidad 8, cuadro C3, antes de la excavación.

Figura 5.35. Unidad 8, cuadro C3, perfil oeste.

Figura 5.36. Unidad 8, cuadro C3, al cierre de la excavación.

Capa VI

De 1.90 a 2.15 m. en las secciones este, oeste y sur, mientras que en el caso del perfil norte fue de 2.20 a 2.40 m. El relleno consistió en tierra de color café obscuro con textura opaca y arenosa, de granulometría media de 2 a 5 milímetros y con coloración Munsell (2009) tipo 2.5 YR 3/1 *dark reddish gray*. No presento materiales.

Capa VII

De 2.15 a 2.40 m. en las secciones este, oeste y sur, mientras que en el caso del perfil norte fue de 2.40 a 2.70 m. El relleno consistió en tierra de color café obscuro rojizo de textura opaca y arenosa con granulometría media de 2 a 5 milímetros y de coloración Munsell (2009) tipo 2.5 YR 6/3 *light yellowish Brown*. No presento materiales.

Capa VIII

De 2.40 a 2.70 m. en las secciones este, oeste y sur, mientras que en el caso del perfil norte fue de 2.70 a 3 m. El relleno consistió en tierra café obscura compacta de textura húmeda, con granulometría media de 2 a 5 milímetros y con coloración 7.5 YR 3/1 *very dark gray* con base en la tabla Munsell (2009). No presento materiales.

Capa IX

Se presentó de 2.70 a 3 m. en las secciones este, oeste y sur, mientras que en el caso del perfil norte estuvo ausente. El relleno consistió en una capa tierra de color café obscuro rojizo de textura opaca y arcillosa con granulometría media de 2 a 5 milímetros y de coloración Munsell (2009) tipo 2.5 YR 3/2 *dusky red*. No presento materiales.

Características: Tuvo en el inicio capas con contenido de grava utilizada posiblemente para la construcción de la vivienda y la cisterna.

Materiales: No hubo materiales recuperados

Observaciones: Al estar cerca de la cimentación de la construcción actual, es posible que exista parte de remoción del terreno natural.

5.2 Expansiones entre las Unidades 2 y 7

5.2.1 Unidad 9

Cuadro I-4

Dimensiones: 1 por 1 metro

Profundidad: 2.5 metros

Estratos: Capa I

Únicamente se presentó en el perfil este de la unidad, tuvo por profundidad de 0 a 0.70 metros y consistió en un relleno actual conformado por desechos de material constructivo (cascajo o escombro) donde se presentó materiales a partir de los 0.40 m. El relleno consistió en tierra de coloración bayo de textura arenosa, compacta y de granulometría media de 2 a 5 milímetros de diámetro con coloración 2.5 YR 6/1 correspondiente al tipo *reddish gray* en la tabla Munsell (2009).

Capa IA

De 0 a 0.80 metros consistió en un relleno actual, que a diferencia de la capa anterior conformada por desechos de material constructivo (cascajo o escombro); esta además presento acumulación de basura entre bolsas, botellas de plástico y restos de costales, por lo que esta capa no presento materiales. Se encontró evidencia del nucleado de un muro registrado en la unidad contigua -Unidad 2- el cual en algún momento fue desmantelado. El relleno consistió en tierra de coloración bayo de textura arenosa, compacta y de granulometría media de 2 a 5 milímetros de diámetro con una coloración 2.5 YR 6/1 correspondiente al tipo *reddish gray* en la tabla Munsell (2009).

Capa II

De 0.80 a 1.50 metros, el relleno consistió en tierra color bayo con textura arenosa de granulometría fina de 1 a 2 milímetros de diámetro y de coloración 2.5 YR 6/2 *pale red* de acuerdo con la tabla Munsell (2009). Tuvo poca presencia de materiales cerámicos.

Capa III (V en el perfil general)

De 1.50 a 1.85 metros. El relleno consistió en tierra café obscuro de textura arenosa con granulometría fina entre 1 y 2 milímetros y de tipo 10 YR 3/1 *very dark gray* de acuerdo a la tabla Munsell (2009).

Capa IV (VII en el perfil general)

De 1.85 a 2.40 metros. El relleno consistió en tierra de color café rojizo, con textura opaca y arenosa de granulometría media de 2 a 5 milímetros y de coloración Munsell (2009) tipo 2.5 YR 6/3 *light yellowish brown*

Capa VIII

De 2.40 a 2.50 metros. El relleno consistió en tierra negra compacta de textura húmeda, con granulometría media de 2 a 5 milímetros con coloración 7.5 YR 3/1 *very dark gray* con base en la tabla Munsell (2009).

Características: Al estar esta unidad localizada en el eje de trazo de las Unidades 1, 2 y 7, los niveles estratigráficos de esta unidad a diferencia de las anteriores presento inconsistencias como lo fue la ausencia de las capas III, IV y VI correspondientes al resto del predio.

Figura 5.38. Unidad 9, cuadro I4, al cierre de la excavación.

Figura 5.39. Unidad 9, cuadro I4, detalle de la deposición de basura y escombro en la Capa I.

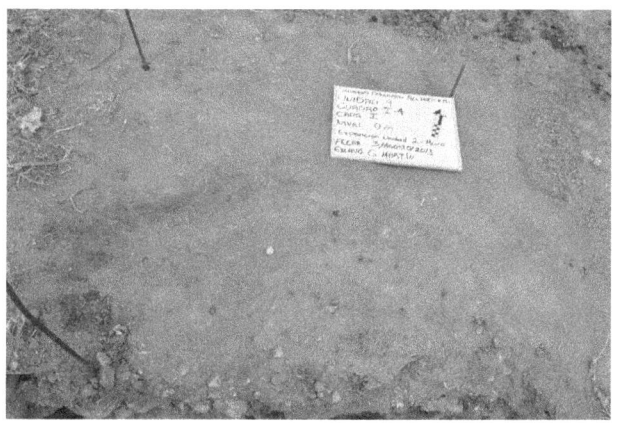

Figura 5.37. Unidad 9, cuadro I4, antes de la excavación.

Figura 5.40. Unidad 9, cuadro I4, detalle del perfil este y el arranque del nucleado.

Materiales Recuperados: Dentro de los materiales recuperados se tuvieron las siguientes tipologías, Azteca II Negro sobre Anaranjado, Anáhuac Anaranjado Monocromo, Cuenca Café Monocromo, Xochimilco Blanco sobre Negro, Azteca Alisado Anaranjado Monocromo, Pulido Anaranjado Monocromo, Azteca III Tardío Anaranjado Monocromo, Azteca III Tardío Negro sobre Anaranjado, Texcoco Negro sobre Rojo, Texcoco Blanco y Negro sobre Rojo; y Comales.

Observaciones: Es posible que tanto las inconsistencias de los estratos como la cantidad de basura asociada a la primera capa y la poca presencia de materiales; así como el desmantelamiento parcial del muro localizado en las Unidades 2 y 7, sugiere que previamente existió una remoción del terreno natural y fue parcialmente rellenado para la nivelación del predio.

5.2.2 Unidad 10

Cuadro G-4

Dimensiones: 1 por 2 metros

Profundidad: 2.5 metros

Estratos: Capa I

De 0 a 0.40-0.60 metros consistió en un relleno actual conformado por desechos de material constructivo (cascajo o escombro), y no presento materiales. El relleno consistió en tierra de coloración bayo de textura arenosa, compacta de granulometría media de 2 a 5 milímetros de diámetro y de coloración 2.5 YR 6/1 correspondiente al tipo *reddish gray* en la tabla Munsell (2009).

Capa IA

Esta capa se localizó en la mitad sur de la unidad y estuvo presente entre los 0.40 y los 2.20 m. En esta sección se presentó la mayor concentración de materiales obtenidos de la unidad desde 0.85 metros hasta 1.85 metros. El relleno consistió en tierra color café con textura arenosa ligeramente compactada de granulometría media 2 a 5 milímetros y de coloración 2.5 YR 3/3 *dark reddish brown* de acuerdo con la tabla Munsell (2009).

Capa VI

De 2 a 2.20 m. El relleno consistió en tierra de color café obscuro rojizo con textura opaca y arcillosa, con granulometría media de 2 a 5 milímetros y de coloración Munsell (2009) tipo 2.5 YR 3/2 *dusky red*. Esta capa únicamente se presentó del centro a la esquina suroriente de la unidad. No tuvo presencia de materiales.

Capa VII

Estuvo presente de 2.20 a 2.35 metros de profundidad. El relleno consistió en tierra de color café obscuro rojizo con textura opaca y arenosa de granulometría media de 2 a 5 milímetros y de coloración Munsell (2009) tipo 2.5 YR 6/3 *light yellowish brown*.

Capa VIII

Esta capa se presentó de 2.35 a 2.50 metros. El relleno consistió en tierra café obscura compacta de textura húmeda, opaca y arcillosa, con granulometría media de 2 a 5 milímetros y con coloración 7.5 YR 3/1 *very dark gray* con base en la tabla Munsell (2009).

Características: No se contó con la presencia de las capas II, III, IV y V. Se tuvo la continuación del muro el cual se une con las unidades colindantes al norte y sur (2 y 7).

Materiales Recuperados: Dentro de los elementos recuperados se tienen los tipos cerámicos; Azteca II Negro sobre Anaranjado, Azteca III Temparano Negro sobre Anaranjado, Anáhuac Anaranjado Monocromo, Cuenca Café Monocromo, Lagos Anaranjado Impreso, Azteca Alisado Anaranjado Monocromo, Pulido Anaranjado Monocromo, Azteca III Tardío Anaranjado Monocromo, Azteca III Tardío Negro sobre Anaranjado, Azteca IV Negro sobre Anaranjado, Texcoco Rojo Monocromo, Texcoco Negro sobre Rojo, Texcoco Blanco y Negro sobre Rojo, Texcoco Blanco Firme sobre Rojo, Texcoco Compuesto, Figurillas, Azteca 5 ó Epigonal, Vidriado Transparente, Vidriado Transparente Verde ó Negro Manchado Sellado, Vidriado Transparente Negro y Verde Transparente, Verde Vidriado, Vidriado Transparente Verde Manchado, Vidriado Transparente Verde Transparente, Vidriado Transparente Verde, Transparente u Ornado, Vidriado Transparente Negro, Transparente, Vidriado Transparente Verde, Transparente u Ornado, Vidriado Trasparente Negro, Transparente u Ornado, Vidriado Transparente Negro Sellado, Tonalá, Rojo alisado, Rojo alisado Inciso, Bayo alisado inciso, Rojo a Bayo Alisado Inciso, Teja Alisada acanalada con muesca, Loza Fina Blanca, Loza Fina Azul sobre Blanco Azul Difuso, Porcelana Blanca, Vidriado Verde Grisáceo Acanalado Cilíndrico, Vidriado Verde Transparente Campana Reducida; y Tetepantla Negro sobre Blanco.

Observaciones: El muro en cuestión presento en una sección restos de un aplanado de estuco compuesto de cal

Figura 5.41. Unidad 10, cuadro G4, antes de la excavación.

Figura 5.42. Unidad 10, cuadro G4, perfil este.

Figura 5.44. Unidad 10, cuadro G4, detalle del perfil oeste visto desde el sur.

Figura 5.43. Unidad 10, cuadro G4, al cierre de la excavación visto desde el perfil oeste.

Figura 5.45. Unidad 10, cuadro G4, detalle del tubo vidriado café acanalado cilíndrico localizado *in situ* con parte del encofrado y cerramiento de ladrillos a manera de dovelas. Se observa en la esquina superior derecha sobre el nivel de las dovelas, parte del tubo de albañal contemporáneo.

y posiblemente arena –esto basado en la coloración bayo y la presencia de arenas en el mortero- que sirvió como recubrimiento de la mampostería la cual fue elaborada con piedra de cortes rectangulares y presento algunos adosamientos de ladrillo para nivelar la cimentación. En esta sección se observó lo que pudiera entenderse como una junta constructiva hacia el norte colindando con la unidad 2.

Otro elemento de relevancia fue un tubo de barro vidriado de 0.28 metros de diámetro localizado a 1.08 metros de profundidad y con dirección oeste a este. El elemento se presentó fracturado y con parte de este mismo dentro del muro y en el relleno de la capa IA. Este tubo fue "asentado" sobre una plantilla de gravilla de 0.01 a 0.02 metros de espesor y teniendo 0.2 metros de altura; la cual fue colocada a un ancho de 0.40 metros únicamente presentando en el ancho de la tubería colocada. Sobre de ella y alrededor, presento un tapiado de ladrillo a manera de "encofrado" que tuvo 0.40 metros de altura desde la parte superior del tubo y rematando con "dovelas" de ladrillo en sentido sur a norte con ladrillos de 0.14 m. de largo y sellando con mortero de cal-arena.

Figura 5.46. Unidad 10, cuadro G4, detalle del perfil oeste visto desde el norte.

De igual manera de localizo un tubo contemporáneo compuesto de cemento y arena del tipo Albañal a 0.18 metros de la superficie y en dirección oeste a este. Debido a la disipación de las unidades de excavación, este tubo debió conectar con el registro identificado previamente en la Unidad 4 y a su vez con los identificados en las Unidades 5 y 6.

5.2.3 Unidad 11

Cuadro F-5

Dimensiones: 1 por 2 metros

Profundidad: 2.5 metros

Estratos: Capa I

De 0 a 0.60 m. consistió en un relleno actual conformado por desechos de material constructivo (cascajo o escombro), no presento materiales. El relleno fue de tierra coloración bayo de textura arenosa, compacta con granulometría media de 2 a 5 milímetros de diámetro y de coloración 2.5 YR 6/1 tipo *reddish gray* en la tabla Munsell (2009).

Capa II

De 0.60 a 1.10 m. El relleno consistió en tierra color bayo con textura arenosa de granulometría fina de 1 a 2 milímetros de diámetro y de coloración 2.5 YR 6/2 *pale red* de acuerdo con la tabla Munsell (2009).

Capa III

De 1.10 a 1.35 m. El relleno consistió en tierra café obscuro de textura arenosa de granulometría fina entre 1 y 2 milímetros y de tipo 10 YR 3/1 *very dark gray* de acuerdo a la tabla Munsell (2009).

Capa IV

De 1.35 a 1.65 m. El relleno consistió en tierra de color café obscuro con textura opaca y arenosa de granulometría media de 2 a 5 milímetros y de coloración Munsell (2009) tipo 2.5 YR 3/1 *dark reddish gray*.

Capa V

El relleno consistió en tierra negra compacta correspondiente a la clasificación 5 Y 2.5/1 *black* en la tabla Munsell (2009).

Capa VI

De 1.90 m. a 2.20 m., el relleno consistió en tierra de color café obscuro con textura opaca y arenosa de granulometría media de 2 a 5 milímetros y de coloración Munsell (2009) tipo 2.5 YR 3/1 *dark reddish gray*.

Capa VII

De 2.20 a 2.40 m., el relleno consistió en tierra de color café obscuro rojizo con textura opaca y arenosa de granulometría media de 2 a 5 milímetros y de coloración Munsell (2009) tipo 2.5 YR 6/3 *light yellowish brown*.

Capa VIII

De 2.40 m a 2.50 m. El relleno consistió en tierra café obscura compacta de textura húmeda con granulometría media de 2 a 5 milímetros y con coloración 7.5 YR 3/1 *very dark gray* con base en la tabla Munsell (2009).

Características: Se apertura como ampliación de la Unidad F4 para la localización del muro, su orientación y posible finalización.

Materiales Recuperados: Los tipos cerámicos recuperados fueron Azteca II Negro sobre Anaranjado, Azteca III Temprano Negro sobre Anaranjado, Anáhuac Anaranjado Monocromo, Cuenca Café Monocromo, Lagos Anaranjado Impreso, Azteca Alisado Anaranjado Monocromo, Pulido Anaranjado Monocromo, Azteca III Tardío Anaranjado Monocromo, Azteca III Tardío Negro sobre Anaranjado, Azteca IV Negro sobre Anaranjado, Texcoco Rojo Monocromo, Texcoco Negro sobre Rojo, Texcoco Blanco y Negro sobre Rojo, Texcoco Compuesto, Figurillas, Verde Vidriado, Vidriado Transparente Verde, Transparente u Ornado, Teja Alisada acanalada con muesca; y Loza Fina Blanca.

Observaciones: Esta unidad se detuvo a 2.50 m de profundidad a partir de tres tipos de rasgos, el primero considerando los estratos presentados en las ocho unidades originalmente previstas para el predio y en vista de la ausencia de materiales después de 1 metro de profundidad en promedio. El segundo rasgo se determinó a partir de los mismos rasgos identificados en la Unidad 2, donde se observó una ausencia de materiales desde 0.80 metros de profundidad y el mismo tipo de muro o alineamiento. El tercer indicador fue con base en la continuidad del muro de la unidad vecina (F4) la cual presento las mismas condiciones en el relleno. El muro posiblemente presente una continuación hacia la sección oeste del predio pasando por debajo de la barda de colindancia hacia el predio vecino.

Figura 5.47. Unidad 11, cuadro F5, antes de la excavación.

Figura 5.48. Unidad 10, cuadro G4 y Unidad 11, cuadro F5, al cierre de la excavación.

5.2.4 Unidad 12

Cuadro G-5

Dimensiones: 1 por 2 metros

Profundidad: 2.5 metros

Estratos: Capa I

Se presentó de 0 a 0.40 metros y consistió en un relleno actual conformado por desechos de material constructivo (cascajo o escombro), no presento materiales. El relleno fue de tierra coloración bayo y de textura arenosa compacta con granulometría media de 2 a 5 milímetros de diámetro y de coloración 2.5 YR 6/1 correspondiente al tipo *reddish gray* en la tabla Munsell (2009). Al igual que en la Unidad 10, Cuadro G4, se identificó a 0.30 metros la continuación del tubo de albañal previamente registrado. No presento materiales.

Capa II

De 0.40 a 0.60 metros, el relleno consistió en tierra color bayo con textura arenosa de granulometría fina de 1 a 2 milímetros de diámetro y de coloración 2.5 YR 6/2 *pale red* de acuerdo con la tabla Munsell (2009). Tuvo presencia de materiales.

Capa III

De 0.60 a 1 metro, el relleno consistió en tierra café obscuro de textura arenosa con granulometría fina entre 1 y 2 milímetros y de tipo 10 YR 3/1 *very dark gray* de acuerdo a la tabla Munsell (2009). Presento materiales asociados.

Capa IV

De 1 a 1.20 metros, el relleno consistió en tierra de color café obscuro con textura opaca arenosa con granulometría media de 2 a 5 milímetros y de coloración Munsell (2009) tipo 2.5 YR 3/1 *dark reddish gray*. Tuvo presencia de materiales asociados hasta 1.05 metros.

Capa V

De 1.20 a 1.80 metros, el relleno consistió en tierra negra compacta correspondiente a la clasificación 5 Y 2.5/1 *black* en la tabla Munsell (2009). No tuvo presencia de materiales.

Capa VI

De 1.80 metros a 2.30 metros, el relleno consistió en tierra de color café obscuro con textura opaca y arenosa de granulometría media de 2 a 5 milímetros y de coloración Munsell (2009) tipo 2.5 YR 3/1 *dark reddish gray*. No tuvo materiales asociados.

Capa VII

De 2.30 a 2.50 metros, el relleno consistió en tierra de color café obscuro rojizo, con textura opaca y arenosa de granulometría media de 2 a 5 milímetros y de coloración Munsell (2009) tipo 2.5 YR 6/3 *light yellowish brown*. Presento ausencia de materiales.

Características: esta unidad permito observar un desfase entre el muro identificado en los Cuadros F4 y F5 con respecto al H4. Si bien a nivel de muro siguen un mismo trayecto, las alturas y grosores difieren. Desde los 0.10 metros de profundidad se observa un adosamiento de 1.10 metros de largo sobre el nivel del muro anterior y en forma de "columna" o "contrafuerte". Por su parte posterior, se observó un nucleado irregular de piedra y tierra café obscura sobre lo que parece ser el registro del tubo de barro vidriado localizado del otro lado del muro. A diferencia de los registros de ladrillo de los tubos de albañal, este fue elaborado de la misma piedra rectangular del muro y ubicado hacia el norte del tubo.

Materiales Recuperados: Dentro de los materiales cerámicos identificados para esta unidad se tuvieron pocos elementos, únicamente presentando los tipos San Juan Policromo (Fig Springs Policromo), Vidriado Transparente Verde, Transparente u Ornado; y Mayolica Indefinida Tradición Ciudad de México S. XIX.

Observaciones: Esta ausencia de materiales, puede corresponder a una reapertura de niveles para la

Figura 5.49. Unidad 12, cuadro G5, antes de la excavación.

Figura 5.51. Unidad 12, cuadro G5, al cierre de la excavación.

Figura 5.50. Unidad 12, cuadro G5, perfil interior sur. Se observa parte del registro del tubo de barro vidriado.

Figura 5.52. Unidad 12, cuadro G5, perfil interno este. De observan los adosamientos del posible contrafuerte y el paño central sobre el nivel del resto del muro.

construcción del "refuerzo" de muro, generando la perdida de estos elementos.

5.2.5 Unidad 13

Cuadro H-5

Dimensiones: 1 por 2 metros

Profundidad: 2.5 metros

Estratos: Capa I

De 0 a 0.30 metros consistió en un relleno actual conformado por desechos de material constructivo (cascajo o escombro), no presento materiales. El relleno fue de tierra color bayo de textura arenosa, compacta de granulometría media de 2 a 5 milímetros de diámetro y de coloración 2.5 YR 6/1 correspondiente al tipo *reddish gray* en la tabla Munsell (2009).

Capa II

De 0.30 a 0.60 metros. El relleno consistió en tierra color bayo con textura arenosa de granulometría fina de 1 a 2 milímetros de diámetro y de coloración 2.5 YR 6/2 *pale red* de acuerdo con la tabla Munsell (2009). Esta capa es similar a la concentración de materiales asociados localizados en la Unidad 2.

Capa III

De 0.60 a 1.30 metros, el relleno consistió en tierra café obscuro de textura arenosa con granulometría fina entre 1 y 2 milímetros y de tipo 10 YR 3/1 *very dark gray* de acuerdo a la tabla Munsell (2009).

Capa IV

De 1.30 a 1.40 metros, el relleno consistió en tierra de color café obscuro de textura opaca, arenosa, con una granulometría media de 2 a 5 milímetros y de coloración Munsell (2009) tipo 2.5 YR 3/1 *dark reddish gray*.

Capa V

De 1.40 a 2.10 metros, el relleno consistió en tierra negra compacta correspondiente a la clasificación 5 Y 2.5/1 *black* en la tabla Munsell (2009).

Capa VI

De 2.10 a 2.50 metros, el relleno consistió en tierra de color café obscuro rojizo con textura opaca y arcillosa de granulometría media de 2 a 5 milímetros con una coloración Munsell (2009) tipo 2.5 YR 3/2 *dusky red*.

Características: Al igual que la Unidad 2, Cuadro H4, en este cuadro de igual forma se identificó un estrato de acumulación de materiales. Es posible que se haya tratado de un deposito tipo basurero o podría corresponder al nivel de terreno original del predio y la acumulación puede deberse a los materiales extraídos del predio durante las modificaciones y construcciones de muros y canales.

Materiales Recuperados: Canal Café Monocromo, Xochimilco Crema Monocromo, Xochimilco Blanco sobre Crema, Xochimilco Rojo sobre Blanco, Xochimilco Negro sobre Blanco, Lagos Anaranjado Impreso, Azteca Alisado Anaranjado Compuesto, Azteca Alisado Anaranjado Monocromo, Pulido Anaranjado Monocromo, Azteca III Tardío Anaranjado Monocromo, Azteca III Tardío Negro sobre Anaranjado, Azteca Rojo o Negro Pulido Orejonas, Texcoco Rojo Monocromo, Texcoco Negro sobre Rojo, Texcoco Blanco y Negro sobre Rojo, Texcoco Blanco Firme sobre Rojo, Texcoco Compuesto, Chalco-Cholula Policromo (Rojo y Negro sobre Anaranjado Laca), Tejo, N/I, Pipas, Figurillas, Comales, Cuauhtitlán Negro Grafito sobre Rojo, Vidriado Transparente Verde ó Negro Manchado Sellado, Vidriado Transparente Negro y Verde Transparente; y Vidriado Transparente Verde, Transparente u Ornado.

Observaciones: Se pudo observar al igual que la unidad contigua, la ausencia de parte del muro por lo que es posible que este haya sido desmantelado. Después de realizar todas las expansiones posibles, se puede inferir que el muro localizado pudo fungir como contención de un posible canal de agua –potable o alcantarillado- y el cual fue en algún momento entubado y encofrado para su funcionamiento.

De igual manera, posterior a este hecho, se adosaron secciones de muro y contrafuertes o refuerzos que apoyasen a la construcción original, pues la mayoría de los materiales asociados, podría ubicar estas modificaciones hacia la segunda mitad del siglo del XIX. Ya en durante

Figura 5.53. Unidad 13, cuadro H5, antes de la excavación.

Figura 5.54. Unidad 13, cuadro H5, perfil este.

el siglo XX, se realizan modificaciones al colocar los registros elaborados de ladrillo y la colocación de tubos de albañal.

Lamentablemente, al tener todos los materiales en un contexto alterado por las diversas modificaciones, así como la falta de contextos sellados; solo permite que el planteamiento anterior sea hipotético.

Arqueología Urbana en San Salvador Nextengo

Figura 5.55. Unidad 13, cuadro H5, perfil oeste. Se observa en la parte superior del corte el estrato removido con anterioridad.

Figura 5.56. Unidad 13, cuadro H5, al cierre de la excavación.

Figura 5.57. Unidad 13, cuadro H5, detalle de la parte superior del perfil norte donde se aprecia el depósito de materiales.

Figura 5.58. Cierre de excavación Unidades 2, 7, 9, 10, 11, 12 y 13, vista de sur a norte, perfil este.

6
Análisis de material

El análisis de material se efectuó a partir de dos maneras. La primera y de forma directa, estos fueron comparados con los muestrarios (Muestrario a S/F, Muestrario b S/F, Muestrario c S/F, Rodríguez 2015) existentes en la ceramoteca con la finalidad de ser contrastados con los materiales provenientes de proyectos anteriores en la región y de la zona del valle de México. Esto permitió afinar la cronología del lugar y contar con un muestrario final confiable.

Específicamente, para el caso de la cerámica, se tomará como base el sistema tipo-variedad que han propuesto diversos investigadores en la región. Esto con la finalidad de formar unidades taxonómicas con base en las formas y atributos; así como las comparaciones temporales y espaciales. Los materiales previamente registrados para el área y que fueron obtenidos en el predio corresponden de forma general a las fases Azteca, Colonial y Moderno.

Para el análisis de los materiales cerámicos se tomó como referencia las bases tipologías ya establecidas para los materiales recuperados en la Cuenca de México, el Centro Histórico de la Ciudad de México y Azcapotzalco. Para ello se consideró los resultados de otros proyectos, las clasificaciones proporcionadas y los estudios realizados por Luis Córdoba (2007), Juan Cervantes y Patricia Fournier (1995), Juan Cervantes, Patricia Fournier y Margarita Carballal (2007), Thomas Charlton, Patricia Fournier y Juan Cervantes (1995), Octavio Corona, Daniel Valencia y Carlos Salas (1993), Federica Sodi (1995), Eneida Baños (1997), Thomas Charlton, Patricia Fournier y Cynthia Charlton (2007), Robert Cobean (1990, 2005), Patricia Fournier (1990), Florence Lister y Robert Lister (1982) y Florencia Müller (1981).

La lítica por su parte también fue analizada según sus atributos como lo son la materia prima, color, tipo de desgaste y forma, para ello se revisaron las propuestas de Cruz (1994) y Pastrana (2007) con respecto a los materiales que circularon en la región de la Cuenca de México. De igual manera las propuestas de Ruiz (2009) y Rodríguez (2014) fueron empleadas para el análisis de los elementos relacionados a las actividades de molienda.

En el caso del vidrio se tomó con referencia los estudios de Carlos Salas y Patricia López (2011) en el centro de la Ciudad de México, así como los trabajos de Toscano *et al.* (2011) y Hernández *et al.* (2012), donde a partir de contextos históricos se han recuperado y analizado estos elementos.

Finalmente, y a partir de los materiales obtenidos en excavación y una vez concluido el análisis de material el cual como se ha mencionado, se efectuó a partir de la identificación y comparación con los materiales obtenidos de proyectos cercanos al área de estudio actual; se procesó la información en tablas que permitiera entender la relación de los materiales (ver anexo 2) y una posible cronología que nos refiera al tipo de actividades que se pudieron efectuar en dicha zona.

6.1 Cerámica[1]

En este apartado, se hará una breve descripción de los tipos localizados en la excavación, los cuales se integran en formato fotográfico a manera de anexo [ver anexo 2] siendo estos los elementos representativos que forman parte del muestrario del proyecto. De igual manera se presentan las tablas con las tipologías clasificadas para brindar una visión general de todo el material obtenido en el predio.

Los principales tipos cerámicos representados en época prehispánica para el Posclásico y en especial de tradición mexica están los Azteca II (1300-1400 d.C.), Azteca III (1400-1450 d.C.) y Azteca IV (1450-1519 d.C.) (Noguera, 1969: 223). De igual manera, existen otros tipos como lo son el Cuenca, Xochimilco y Texcoco para esta época; así como las cerámicas coloniales representadas por las mayólicas de tradición Ciudad de México, las indefinidas y otras específicas como el San Juan Policromo, San Luis Policromo, Oaxaca Policromo y Tetepanlta entre otros.

A esta misma época y por lo menos hasta los siglos XVIII y XIX, la loza vidriada igual se hizo presente por medio de los tipos transparente, verde, negro, manchado y sellado; además a finales del XVIII y XIX de igual manera manifiestan su presencia por medio de lozas finas los tipos con bandas azules, verdes o naranjas, así como la mínima representación de elementos de porcelana.

A continuación, se describe de forma puntual cada uno de los elementos clasificados que se obtuvieron como resultado de las excavaciones en el predio; destacando los atributos y características de cada tipo cerámico.

- Azteca II Anaranjado Monocromo

Presentan superficie bruñida, coloración anaranjada, son de pasta dura y compacta (Cervantes y Fournier 1995:85). También pueden presentar tonos desde naranja a naranja obscuro y café anaranjado (Vega 1975: 12). Se presentaron formas de cajetes, platos, platos trípodes de soporte cónico redondeado y tecomates.

---

[1] Ver Anexo 3

Azteca II Negro sobre Anaranjado

Cerámica asociada a Culhuacán, es correspondiente al periodo Azteca Temprano y de característica bícroma (Vega 1975:8,10). Presentaron superficie bruñida, coloración anaranjada, de pasta dura y compacta (Cervantes y Fournier 1995:85); así como de paredes gruesas y poco rojiza u obscurecida por la cocción. Tiene decoración en tono negro caracterizado por un trazo rápido e irregular (Séjourné 2009:56) el cual es también conocido como estilo caligráfico (Noguera 1969:199), y presenta la decoración usualmente en las paredes interiores o fondos –para el caso del sitio excavado también se presenta en la parte superior de las paredes exteriores- y presentan ganchos, motivos denominados zacate o líneas caligráficas (Vega 1975:11).

Las formas más comunes y representadas fueron *apaxtles*, cajetes de base plana, cajetes de soportes trípodes cónicos redondeados, cuencos, jarras de un asa y vertedera, tecomates y platos.

• Azteca III Anaranjado Monocromo

Presentaron superficie bruñida, coloración anaranjada, de pasta dura y compacta (Cervantes y Fournier 1995:85). En ocasiones presentan tonos desde naranja a naranja claro (Vega 1975: 12). Tuvo presencia de cajetes, cajetes trípodes de soportes cónicos pequeños o rectangulares, molcajetes de soportes almenados, platos y platos extendidos trípodes de soportes rectangulares o almenados; así como jarras y ollas. No presentaron motivos decorativos.

• Azteca III Negro sobre Anaranjado

En su fase temprana la cerámica de este tipo está asociada a Culhuacán y se podría considerar como de transición; mientras que para la fase tardía se asocia al poderío de Azcapotzalco hacia el periodo Azteca Tardío y es de característica bícroma (Vega 1975:8,10). Se caracteriza por un trazo de menor rapidez y mayor precisión, presenta simetría en los diseños (Noguera 1969:199). Lucieron una superficie bruñida, coloración anaranjada (5 YR 6/6), de pasta dura y compacta (Cervantes y Fournier 1995:85).

A diferencia del Azteca II, este tipo presenta un mejor tratamiento de la arcilla y suele ser de paredes más delgadas. Retoma los diseños geométricos y aparecen los soportes almenados (Séjourné 2009:57). El color tiende a ser entre naranja y naranja claro, aunque también es posible encontrar tonalidades en crema y bayo (Vega 1975:11).

Entre los diseños representados se tiene combinaciones de líneas paralelas con puntos o guiones; "púas de maguey"; círculos; espirales y ganchos; así como *tonallo; xonecuilli* y calados (Vega 1975:12) tipo ranura vertical en soportes almenados. Las formas representadas fueron cajetes, molcajetes (de soportes cónicos o almenados), platos trípodes (de soportes cónicos o almenados), platos extendidos, y miniaturas.

Estuvo presente el calado como técnica decorativa, ranuras en soportes almenados o en los fondos de los molcajetes formando un reticulado.

• Azteca III Anaranjado Pulido y/o Alisado Monocromo

Este tipo como su nombre lo indica concierne a cerámicas ya sean del tipo Pulidas o Alisadas, presentan este rasgo al exterior de las mismas y en ocasiones al interior. Las formas presentes fueron *apaxtles,* cajetes y cazuelas.

No presentaron motivos decorativos. En el caso de la loza alisada tiene una pasta de textura burda y granulosa, con acabado tosco exclusivamente alisado o en ocasiones con un ligero baño de cal (Cervantes y Fournier 1995:86).

• Azteca IV Negro sobre Anaranjado

Presentaron superficie bruñida, coloración anaranjada de pasta dura y compacta (Cervantes y Fournier 1995:85). El color del barro es más claro y con una elaborada decoración caracterizada por figuras naturalistas como aves, peces y otros animales (Noguera 1969:199), así como motivos florales. Predomina un color amarillento y con formas "plásticas" un tanto diferenciadas del Azteca III (González 1988:85).

• Anáhuac Anaranjado Monocromo

Este tipo esta únicamente compuesto por comales. Su clasificación fue aplicada según el ángulo de inclinación de los bordes, en su mayoría casi totalmente planos y extendidos. Presentaron coloraciones anaranjado, anaranjado obscuro y café anaranjado. Cervantes y Fournier (1995:93) consideran que una parte de estos elementos pueden englobarse en el grupo Azteca Bruñido.

• Aztecapan Gris Monocromo

Conformado por pastas grisáceas y acabado bruñido; usualmente es empleado para la preparación de alimentos y el servicio de estos. Se compone por *apaxtles* o cazuelas de silueta compuesta de dos asas horizontales laterales y en ocasiones con residuos de cal al interior (Cervantes y Fournier 1995:92).

• Xochimilco Blanco y Negro sobre Guinda (Noguera 1970:106), Xochimilco Negro sobre Blanco (Noguera 1970:107)

Presenta una composición de pasta granulosa y suave. Como acabado tiene un engobe o pintura, que suele ser un baño de tonalidad blancuzca y en algunos casos tiende al anaranjado ya sea de forma intencional o por producto de la cocción (Cervantes y Fournier 1995:86).

• Texcoco Negro sobre Rojo, Blanco y Negro sobre Rojo, Blanco sobre Rojo, Rojo Monocromo y Amarillo y Blanco sobre Rojo (Cervantes y Fournier 1995:102-103, Cervantes, Fournier y Carballlal 2007:281).

En todas sus variantes, la loza Texcoco presenta un patrón homogéneo en cuanto a su técnica de manufactura, siendo de superficies internas generalmente ennegrecida, variaciones en la tonalidad el engobe (gamas de rojo), cambio de coloración del engobe rojo original hacia un café o bayo. Puede presentar ausencia del rojo en las partes internas de algunas piezas y finalmente variaciones tonales en los pigmentos empleados en la decoración (Cervantes y Fournier 1995:101).

Las formas más comunes presentadas son piezas de tamaño mediano y de formas típicas como lo son los cajetes de paredes curvo divergentes y los cajetes esféricos (Cervantes y Fournier 1995: 104-105), además de las vasijas hiperbólicas, bicónicas o "copas" (Fournier, Carballal y Flores (1995:130).

• Texcoco Compuesto

Es el tipo cerámico con el que se identifica a los Sahumadores. Estos se componen de una cazoleta con forma de cajete y fondo redondo que presenta calados. El mango se compone de un tubo hueco que al interior contiene una pelotilla de barro para reproducir sonido. El extremo se caracteriza por presentar un moño o corbata y un remate representado por una cabeza de serpiente (Cervantes y Fournier 1995:105; Charlton, Fournier y Charlton 2007:453-454; Medina 2013:70).

• Cuauhtitlán Negro Grafito sobre Rojo

También llamado en la literatura como loza roja bruñida de tradición colonial (Charlton, Fournier y Cervantes 1995:142). El elemento grafito es un pigmento completamente ausente en las colecciones prehispánicas, aunque al parecer aparece de forma tardía en las secuencias del norte de la Cuenca de México y es posible que se haya utilizado como pintura mineral en algunas regiones del Altiplano Central durante el Posclásico Tardío (Charlton, Fournier y Cervantes 1995:145).

• Lagos sin Engobe

Esta cerámica presenta un extremo interno poroso y suave ligeramente bruñido, mientras que la superficie externa tiene una impresión textil (Cervantes y Fournier 1995:86). Se les denomina de forma común como "Salineras".

• Canal Café Monocromo

Se distingue por tener superficies bruñidas en color café con una composición de pasta suave enriquecida con mica dorada. Como formas comunes presenta jarras de asa al borde (Cervantes y Fournier 1995:86,95).

• Cuenca Café Monocromo

Esta cerámica muestra marcas del bruñido en las superficies que tienden a ser de color café grisáceo, de pasta compacta y obscura. Tienden a presentar una coloración anaranjada en la superficie y se caracteriza por las formas de ollas globulares (Cervantes y Fournier 1995:86,94).

• Comales (No Identificados)

Vajilla particular para la preparación de alimentos, sin embargo, en la mayoría de los casos la pasta no permite asociarlos a una loza en particular. Pueden estar asociadas a los grupos Cuenca bruñida, Xochimilco alisado o como Azteca bruñida a partir de los atributos de superficie (Cervantes y Fournier 1995:92-93).

• Chalco-Cholula Policromo

También llamada "Rojo y Negro sobre Anaranjado Laca", es un tipo cerámico considerado como loza de intercambio y posiblemente emparenta con la loza Texcoco. Es poco representada en los contextos arqueológicos (Charlton, Fournier y Cervantes 1995:145; Charlton, Fournier y Charlton 2007:452).

• Figurillas

Los elementos localizados fueron conformados por cabezas, pies, manos y cuerpos, sin embargo, ninguna fue encontrada completa. Se pudieron identificar como huecas y moldeadas[2], preferentemente femeninas, con incisiones y de pie. Otras más erosionados no permitieron determinar sexo, sin embargo, presentaron posición sedente. Estas últimas corresponden al tipo modeladas solidas al no presentar ninguna oquedad interna.

Las caras presentaron tocados o peinados hacia ambos costados de la cara simulando trenzas por lo que posiblemente se trate de un personaje femenino, mientras que otras presentaron tocados más elaborados quizá vinculados a personajes masculinos con atuendos de guerra, sin embargo, la erosión de las piezas no permite determinar dicha información (Cervantes, Fournier y Carballal 2007:310-312; Charlton 1995: 156).

• Pipas

Comúnmente presentan la cazoleta de forma cónica alargada, esférica o cilíndrica con abultamiento y en ocasiones rectas o de silueta compuesta. Presentan decoración incisa y su pasta es similar a la loza Texcoco bruñida, presentando engobes en su mayoría rojos, aunque también se presentan en tonos anaranjados y café (Cervantes, Fournier y Carballal 2007:312).

• Malacates

Piezas de forma cónicotruncada, de elaboración modelada con superficie bruñida e incisa en forma de paneles. La

---

[2] Tipologías establecidas por Mary Parsons en el trabajo "Aztec Figurines from the Teotihuacan Valley, Mexico", en *Miscellaneous Studies in Mexican Prehistory,* University of Michigan 1972 y citada en Charlton (1995) y Cervantes, Fournier y Carballal (2007).

erosión impide la identificación de los elementos. Debido al tamaño es posible que su uso y función haya sido destinada a hilar fibra de agave (Cervantes, Fournier y Carballal 2007:312-313).

• Fragmentos de Braceros

Corresponde a siluetas de personajes o deidades u otros diseños a manera de aplicaciones sobre braceros. Corresponde a un tipo de escultura cerámica y usualmente eran modeladas al pastillaje de tamaño mayor o igual al objeto ceremonial (Cervantes, Fournier y Carballal 2007:315).

• Maqueta

Se catalogaría como escultura cerámica modelada, usualmente con representaciones arquitectónicas (Cervantes, Fournier y Carballal 2007:313).

• Sahumadores Macizos

Corresponden en tipo de engobe a la cerámica de tipo Texcoco, presentando acabados con negro y rojo pulido. Se les llama coloquialmente Orejonas por su forma "achaparrada", ancha y con asas horizontales. También son conocidos como anafres (Charlton, Fournier y Charlton 2007:454).

• Azteca V o Epígonal

Es similar al tipo cerámico de tradición Azteca IV, pero de fabricación y acabados coloniales. Para González (1988:85), la cerámica de este tipo es de origen colonial, pero "con ciertas características indígenas". Predomina el uso de molcajetes que en tamaño y forma son de tradición Azteca III y Azteca IV, pero presentan un acabado vidriado. Pueden conservar la textura alisada o pulida, pero sustituyen los elementos almenados o zoomorfos por motivos europeos o elementos religiosos (González 1988:94; Charlton, Fournier y Charlton 2007:486).

• Cerámica tipo Vidriado

Este tipo de cerámica colonial se entienden generalmente como transicionales, usualmente de color café monocromo y en ocasiones con tonos como el verde (2.5 Y 4/4; 2.5 Y 5/4) amarillo (10 YR 7/8) amarillo verdoso (2.5 Y 7/8) o verde limón (5 YR 7/8). Esto para González (1988:95) refleja la falta de destreza de los artesanos y la experimentación con técnicas y materiales nuevos, por lo cual se le denomina también cerámica vidriada temprana.

Las formas más comunes son jarras, platos, pitcheles, bacines, tazones, tazas y candeleros. Se caracteriza por presentar como acabado de superficie un barniz aplicado a piezas cocidas, el cual está compuesto por oxido de plomo pulverizado en suspensión y que se fija al someter a los objetos a una segunda cocción.

Pueden presentar una variedad de tipo manchado con tonos negro, verde o ambos combinados. Su fechamiento exacto suele ser problemático al ser producida desde época temprana en la colonia hasta la actualidad. Otras formas comunes son los molcajetes trípodes con soportes modelados (Azteca V o Epígonal) (Charlton, Fournier y Charlton 2007:486).

La aplicación de este barniz de origen plúmbeo o plumbífero fue principalmente aplicado al interior de los recipientes y eran utilizados para cocinar con exposición directa al fuego puesto que las paredes de estos servían bien para la contención de líquidos por su impermeabilización, mientras que el exterior conservaba total o en su mayoría la porosidad del barro que facilitaba la absorción de calor (López 1976: 27).

La variedad más común de la cerámica tipo vidriado son de característica alisada o pulida, donde además del barniz plúmbeo, presenta diseños de bandas o "manchas" aplicadas en color negro y/o verde (López 1976:27-28).

• Vidriado Sellado

Se presenta predominando el café monocromo, aunque también pueden presentar manchas en color negro, verde o una combinación de ambos y se caracteriza por presentar como acabado de superficie un barniz aplicado a piezas cocidas, el cual está compuesto por oxido de plomo pulverizado en suspensión y que se fija al someter a los objetos a una segunda cocción.

Su fechamiento exacto suele ser problemático a ser producida desde época temprana en la colonia hasta la actualidad. Sus formas suelen ser jarras y jarros con motivos fitomorfos geométricos y simbólicos sellados en el exterior (Charlton, Fournier y Charlton 2007:486).

• Verde Vidriado

Contiene los mismos elementos de elaboración que las vidriadas transparentes, con la diferencia de ser monocromas y el barniz es de estaño-plumbífero, pueden presentar un vitrificado total o parcial (López 1976:31).

• Mayólica indefinida crema o blanca tradición Ciudad de México

Su temporalidad se estima entre 1550 a 1700 y se asocian como tiestos blancos de mayólica. Estos no están plenamente identificados en la Colección Lister con respecto a alguno de los tipos ya definidos; sin embargo, comparten la característica general de la pasta y el esmalte asociados con la tradición mayólica de la Ciudad de México (Florida Museum Natural History, 2018).

• Mayólica San Juan Policromo (Fig Springs Policromo)

Tiene una temporalidad de 1540 a 1650 y su origen se da en la Ciudad de México. Esta mayólica es de pasta roja uniforme y compacta que presenta un templado de arena ligera con esmalte de fondo en tono blanco grisáceo. Presenta diseños en esmalte azul grisáceo, con detalles en líneas amarillas y naranjas. Los motivos tienen a ser flores estilizadas o animales (Florida Museum Natural History, 2018).

- Mayólica San Luis Azul sobre Blanco

Presenta una temporalidad de 1550 a 1650 y su origen se da en la Ciudad de México. Su composición es de pasta densa, con poco mineral visible y generalmente de color rojo anaranjado. Presenta un esmalte de fondo grueso, reflectante y blanquecino, a veces con tinte grisáceo. Su decoración consiste en dos tonos de azul grisáceo y los motivos incluyen elementos florales estilizados y hojas, conjuntos de líneas curvas delgadas, puntos, semicírculos y lóbulos (Florida Museum Natural History, 2018).

- Mayólica San Luis Policromo

Presenta una temporalidad de 1650 a 1750 y su origen se da en la Ciudad de México. Presenta una pasta de color crema, densa y muestra un poco de mineral visible. Su esmalte de fondo es de aplicación fina y de color blanquecino o tostado.

La decoración está pintada principalmente en verde oscuro, con el diseño central enmarcado por tres bandas estrechas negras o marrones. El diseño también suele estar enmarcado por una y hasta tres líneas angostas negras o marrones y puede o no presentar una banda de borde amarilla delineada en negro. La decoración se resalta ocasionalmente con toques de naranja o amarillo y entre sus motivos de diseño presenta elementos florales de hojas grandes y estilizados, puntos, lóbulos alargados y líneas gruesas y curvas (Florida Museum Natural History, 2018).

- Mayólica Puebla Policromo

Su temporalidad corresponde entre 1650 y 1725 y su producción es realizada en Puebla. Se caracteriza por presentar un color blanco cremoso o pálido y rara vez tienen pasta de color rojo anaranjado o terracota.

El esmalte de fondo es color blanco, con diseños pintados en azul oscuro y negro, aunque se pueden presentar con pintura amarilla, verde y naranja. Sus decoraciones consisten en pergaminos, lóbulos, curvas o motivos lineales pintados en azul u ocasionalmente otros colores. El negro está pintado sobre el fondo blanco que bordea las decoraciones azules con diseños de encaje y puntos. También puede aparecer moteado y descolorido a un color marrón dorado (Florida Museum Natural History, 2018).

- Mayólica Indefinida Policroma

Su temporalidad es indeterminada, pero por las condiciones de la pasta es posible que su origen sea la Ciudad de México (Florida Museum Natural History, 2018).

- Mayólica Indefinida Policroma, Tradición Ciudad de México

Su temporalidad es indeterminada, pero por las condiciones de la pasta es posible que su origen sea la Ciudad de México (Florida Museum Natural History, 2018).

- Mayólica Indefinida Policroma, Tradición Ciudad de México Siglo XIX

Su temporalidad de presume entre 1800 y 1900, sin embargo, aún no está del todo definida su clasificación. Estos ejemplos de mayólica policromada se produjeron después de finales del siglo XVIII en una variedad de centros en México, incluidos Oaxaca y Guanajuato, así como en Ciudad de México y Puebla (Florida Museum Natural History, 2018).

- Mayólica Tetepantla Negro Sobre Blanco

Está ubicada cronológicamente entre 1800 y 1850; y por las características de la pasta es posible que su origen sea Puebla. La pasta puede ser de color canela o salmón y contiene arena templada. Su esmalte de fondo tiende a lo brillante, suave y blanco craquelado. Suele estar pintado con diseños en negro o en ocasiones en tono marrón; representando bandas de borde ondulado con puntos asociados.

Este tipo de diseño es común a lo largo del borde, y los diseños centrales pueden incluir motivos florales, de aves y geométricos (Florida Museum Natural History, 2018).

- Mayólica Oaxaca Policromo

Se encuentra fechada entre 1800 y 1900, teniendo como origen de producción Oaxaca. Se caracteriza por una pasta fina, dura y compacta, generalmente de color naranja a salmón. El esmalte que presenta de fondo suele ser de color blanquecino con decoraciones anaranjadas, verdes, azules, púrpuras y amarillas. Entre los elementos decorativos contiene glóbulos alargados, grupos de líneas verticales y manchas al azar, que a menudo se superponen entre sí. Ocasionalmente también se presentan bandas en los bordes (Florida Museum Natural History, 2018).

- Tonalá

González (1988:107) menciona que, si bien esta "loza mexicana" es de origen moderno a finales del siglo XIX, el problema suele recaer en ser un tipo cerámico que aún se fabrica de manera artesanal en la actualidad (Florida Museum Natural History, 2018).

- Porcelana

Se considera un tipo de material de origen oriental cuya pasta está conformado por caolín, feldespato y cuarzo. Usualmente presentan un color blanco grisáceo opaco y roseáceo o anaranjado cuando son de mala calidad. La decoración más común es en tinte azul, aunque se presenta en otros tonos o sin decoración (Charlton, Fournier y Charlton 2007:483). Se caracteriza por una pasta dura y compacta, impermeable a los líquidos, y sumamente vitrificada, y puede llegar a presentar un color blanco brillante y no se raya. Presenta un sonido metálico y cuando su composición no es muy gruesa se vuelve traslucida (Fournier 1985:46 en Burgos 1995:66).

- Loza Fina

Se crea a finales del XVII y alcanza su máximo hacia el siglo XVIII, fabricándose esta hasta hoy en día. Su pasta se debe a la combinación de pedernal molido y carbonizado, feldespato, arcilla grasa y agregando arcilla de Cornwall como variedad del Caolín. Con ello se generó una vajilla color crema a la cual se le agrego un barniz de plomo, arcilla Cornwall y pedernal con el que se vitrifico. Se caracteriza por la decoración de este tipo de loza al tener motivos y técnicas a mano entre ellos el azul colocado bajo el vidriado; la impresión por transferencia sobre el barniz en los tipos con bandas azul y amarillas sobre blanco; líneas doradas sobre blanco; banda azul enmarcada sobre blanco, entre otros (Burgos, 1995).

Hasta el siglo XIX se prefirieron los motivos sencillos con la decoración limitada a los bordes, lo que generaba ser una loza de bajo costo. La pasta suele tener una coloración de tipo rosáceo (5 Y 8/2) y no presentan desgrasantes visibles a la vista (Burgos 1995:149-150). Entre las variedades identificadas en el predio se tuvo Loza fina blanca sin decoración, Loza fina bandas azules sobre blanco, Loza fina bandas anaranjadas sobre blanco, Loza fina bandas verdes y grises sobre blanco, y Loza fina rosa sobre blanco con bandas en oro y plata.

Destacan únicamente el sello de tres marcas, además de otros dos fondos que presentaron elementos que no pudieron ser identificados conforme a algún diseño en particular. El primer elemento en el fondo de un tazón de bandas anaranjadas, presento la marca "*Petrus Regout & G©, MASSTRICHT MADE IN HOLLAND*", correspondiente a una marca producida en Maastricht, Holanda y perteneciente al tipo M5 con una cronología a partir de 1879 (Fournier 1990: 113,122). Las otras dos marcas mencionadas pertenecen a dos fondos: el primero con la leyenda "*P. REGOUT MAASTRICHT A° 1836*", con lugar de producción en Maastricht, Holanda y que corresponde a la clasificación G4 III–1, e Impresa, M6 de acuerdo a Fournier (1990:113, 122); mientras que la segunda pieza, aunque fragmentada se identifica el emblema de un cántaro asociado a la marca "*ANFORA*", locera mexicana que fabrica piezas desde mediados del siglo XIX y durante el siglo XX, correspondiente en la tipología de Fournier (1990: 59) al F5-I-1.

- Tubos

La elaboración de estos elementos se da desde la época colonial. Hay de diversas formas, métodos de elaboración, colores y texturas; sin embargo, su función era la misma, la cual consistía en ser empleados para la canalización de agua para su ingreso a las fuentes o aljibes, o en su caso contrario para desalojarla de la misma construcción. Estos eran colocados bajo los pisos o "ahogados" entre los muros con el fin de canalizar el agua a los lugares adecuados. También se utilizaron para llevar agua hacia la limpieza de cloacas y letrinas, o como método de aprovechamiento de agua de las cubiertas para transportarla a los lugares de almacenamiento (Gómez 2007:417).

En el caso de la Ciudad de México, una sección de tubos de barro vidriado fue registrado durante las excavaciones de la Casa de la Moneda (Pérez y Ibarra 2014:352), mas no se mencionan las características del elemento. Por reportes anteriores, es posible que sea similar a los reportados para Yucatán con el tipo "Pato Café Tostado", desde finales del XIX y principios del XX (Burgos 1995:381).

Para el caso del predio Polo Norte se identificó un tubo de diferentes características, pero misma composición el cual fue nombrado "Vidriado Café Obscuro Acanalado Cilíndrico" y con una coloración que va de crema a amarillenta (10 YR 8/6). Presenta como desgrasante granos en color gris de textura media de 1 a 2 milímetros y de color grisáceo. La superficie vidriada es tanto al interior como exterior del mismo y como decoración, presenta unas 4 incisiones en la parte superior de un extremo del tubo que debieron funcionar para el "amarre" del mortero. El segundo tipo corresponde al de "Vidriado Verde Grisáceo Acanalado Cilíndrico", el cual presenta las mismas características en el vidriado interno y externo, pero de un color que va de verde a gris y con 3 incisiones superiores en uno de los extremos para el "amarrare" del mortero. El ultimo tipo llamado "Vidriado Verde Transparente Campana Reducida", corresponde a un tubo de menores dimensiones que tiene un acabado alisado y una ligera protuberancia en el extremo superior asemejando una campaña o *coplex* que recibiera el extremo inferior de otro tuvo.

- Teja Alisada Acanalada con Muesca

No se encontró referencia alguna a este elemento, sin embargo, se clasifico con base en sus características físicas. Considerando los otros elementos de carácter constructivo, es posible corresponda a una temporalidad de finales del XIX y principios del XX.

- Pisos de Pasta

Estos elementos son usualmente descartados como material contemporáneo y no cuantificados en los informes arqueológicos y al igual que las tejas no presentan una cronología exacta o punto de comparación; sin embargo, han sido registrados *in situ* a manera de mosaico en parte de pisos como el caso de la ex Aduana Marítima de Frontera en Tabasco, que data de finales del XIX y principios del XX (Martín y Guerrero 2016: 39). La característica principal es su elaboración a mano o de forma " artesanal" y de forma individual ya sea a base de moldes o prensas.

- Rojo o Bayo Alisado

No se encontró referencia alguna a este elemento, sin embargo, se clasifico con base en sus características físicas. En la mayoría de los casos presento un diseño inciso ondúlate en el borde.

6.2 Lítica

Los materiales líticos recuperados de las excavaciones corresponden a cuatro tipos principalmente. La obsidiana, compuesto por navajillas, preformas, núcleos en procesos y agotados; el basalto conformado por artefactos de molienda; el sílex representado por una lasca y posibles hachas de pedernal.

En el caso de la obsidiana, es el elemento más abúndate y de coloración verde por lo que se podría suponer que su punto de origen es del yacimiento de Sierra de las Navajas, en Hidalgo; ya que esta zona localizada al norte de dicho estado, fue el área de mayor explotación en la región de la Cuenca de México y donde se han encontrado materiales cerámicos asociados a las fases Azteca III y Texcoco (Cruz 1994: 21, 57).

Los elementos de obsidiana recuperados estuvieron conformados por preformas, preformas laminares, preformas triangulares, plataformas tabulares prismáticas, raspadores[3], un núcleo agotado, lascas y desechos de talla, un elemento fracturado y 55 navajillas prismáticas siendo este el elemento mayormente representado. Además, se tuvo la presencia de una lasca de sílex color crema.

Los metates por su parte fueron representados por un único fragmento de basalto y que corresponde al grupo de metates de lados abiertos dentro del subgrupo con soportes de superficie plana o inclinada (Ruiz 2009: 136). Las manos de metate fueron conformadas en su mayoría por elementos de forma rectangular siendo cuatro de ellas correspondientes a esta característica y una en forma circular, así como una en forma de mano de perilla (Ruiz 2009: 140). El mortero o molcajete por su parte, a pesar de ser un fragmento, por su perfil corresponde a la forma restringida tipo A-2 de canto ligeramente cóncavo subrectangular, variedad borde pronunciado (Rodríguez 2014:249-251). También se tuvo una mano de mortero del tipo B-3, correspondiente al tipo tres facetas subtriangular, variedad forma de cuña (Rodríguez 2014:257). Tanto el mortero como la mano de acuerdo a su tipología es posible que su función haya sido la de molienda de minerales, pigmentos o contenidos medicinales (Rodríguez 2014: 250,256).

6.3 Vidrio

Estos elementos cuando son localizados en fragmentos son complejos de ubicar cronológicamente, además de encontrarse trabajos muy limitados y casi escasos que detallen estos tipos de materiales. Salas (2006) y Salas y López (2007 y 2011) proponen a partir de estudios pioneros, la unificación de criterios a partir de englobar el material en tres familias generales, vidrio soplado, vidrio prensado o modelado y vidrio industrial.

El vidrio soplado es la técnica de manufactura más antigua, donde la manera de elaboración de los objetos presenta particularidades que permiten su identificación como lo puede ser una ligera ondulación trasversal la cual se forma cuando el artesano elabora la pieza, y durante el proceso la alarga y rota. Otro detalle de importancia que se presenta en los objetos completos o los fondos es la huella del puntil o caña de vidriero, lo cual da la impresión del goteo de vidrio o el corte del mismo (Salas 2006:185). En esta época el material suele presentarse en botellas, globulares y frascos como las formas más frecuentes; aunque se encuentra en otras variedades. La boca suele no presentarse de manera uniforme en el acabado; suelen ser decorados con lacticinios o aplicaciones. También pueden presentar grabados, esmalte, tallado, pintura, incisiones o esmerilado; así como motivos con diseños geométricos, zoomorfos, fitomorfos, antropomorfos, temas heráldicos e inscripciones numéricas o alfabéticas (Salas 2006:185, Salas y López 2007: 507; 2011:125-126).

El vidrio prensado o modelado se caracteriza por una técnica de manufactura que consiste en soplar el vidrio en moldes con relieve, los cuales están hechos a partir de dos o tres piezas y que toma popularidad hacia el siglo XVI y hasta el XVII en los principales centros de producción como lo fueron Inglaterra, Venecia, Francia, Europa Central y la región de Bohemia. Estos materiales presentan un cuerpo con rigidez, es decir una composición sólida y gruesa y en algunos casos con algunas burbujas como producto de su depósito en el molde. También es posible observar una marca lateral -o junta de unión-, a manera de costura o "cicatriz" en el cuerpo y en la base algún elemento decorativo.

Los diseños imitan a los del vidrio tallado y con decoración en relieve; así como motivos similares a los del vidrio soplado. Normalmente presenta formas de perfumeros, botellas, jarrones y licoreras entre otras variedades. Pueden presentar un tipo de diseño al fondo y frecuentemente se observa en el cuerpo un lado más grueso que el otro. Esta técnica se perfecciona en Estados Unidos en el siglo XIX y se extiende a gran parte del mundo, surgiendo la idea de prensar objetos enteros dentro de un molde (Salas 2006: 185; Salas y López 2007: 507; 2011:126-127).

El vidrio industrial, por último, se distingue por presentar una o dos costuras laterales muy ligeras, mismas que van desde la base del objeto hasta la boca del mismo, son de base plana o ligeramente convexa y cuentan con un

---
[3] Presentan forma de lasca de reducción a partir del trabajo del maguey (Casiano y Álvarez 2009 y Gaxiola 2005).

estriado ya sea circular o rectangular dependiendo de la forma de la pieza. Va acompañado de un numero o letra, que son características que pueden ir solas o acompañadas y su empleo en México data de finales del siglo XIX con el aumento de producción de tequila, vino, licor y cerveza (Salas 2006: 186; Salas y López 2007: 507; 2011:127).

Los grupos en estas familias son clasificados a su vez en vidrio de base sódica, vidrio de base potásica y vidrio de plomo. El vidrio base sódica es un material blando con el que se realiza cualquier tipo de objeto y se distingue por ser brillante, translucido y a simple vista una textura de ligereza; además de presentar un sonido metálico y grave. Por su parte el vidrio de base potásica suele ser un material opaco, rígido y de vista pesada. Se suele emplear para la fabricación de botellas de vino, y presentan en su mayoría burbujas de aire debido a que las partículas tardan más tiempo en acomodarse; además de tener un sonido seco y agudo. Finalmente, el vidrio de plomo, es un tipo diferenciable fácilmente de los anteriores ya que los elementos fabricados con este material presentan un alto grado de refracción y dispersión de luz que genera un brillo único en la pieza, esto además su sonido metálico muy semejante al de una campanilla (Salas 2006: 186; Salas y López 2007: 507; 2011:127-129).

El siguiente método de clasificación indica el tipo-variedad de los objetos por medio del color, esto permite una aproximación a su función ya que el tono del vidrio y su uso está condicionado a la cantidad de rayos de luz que puede pasar por el vidrio y a su vez que recibirá el contenido del mismo. Por ejemplo, las botellas de brandy, vino, coñac, entre otras bebidas alcohólicas suelen estar asociadas a botellas de vidrio ámbar obscuro o verde olivo obscuro. Estos colores, tienen la función específica de proteger el añejamiento del líquido que ya tiene por fabricación; mientras que un tono transparente se usa para dar el efecto de envejecimiento o añejamiento en bebidas una vez envasadas. A partir de estos aspectos mencionados, se tienen los siguientes tipos: verde olivo, verde obscuro, verde claro, ámbar claro, amarillo claro, azul cobalto, transparente, azul verdoso, lechoso, azul claro, y café (Salas 2006:187; Salas y López 2007: 508; 2011:129).

A partir de la tipología clasificatoria antes mencionada, se pudo realizar la identificación de los pocos elementos localizados en el predio Polo Norte #35. Se tuvieron ejemplares enteros conformados por 2 botellas y otras 2 fragmentadas en un 85%. Dichos elementos pasaron a formar parte de la Sección de Catalogo de Salvamento Arqueológico (CATSA) [Ver anexo 3]. El resto de los elementos estando fragmentados, pasaron a formar parte de la sección de muestrario.

De los elementos completos se tiene una botella azul industrial de doble molde a máquina prensada; y una botella transparente prensada y soplado en molde; siendo en ambos casos de contenido farmacéutico. Esta última tenia por leyenda grabada en relieve *MRS. WINSLOW'S*

SOOTHING SYRUP / THE ANGLO AMERICAN DRUG CO. / ------ / CURTIS & PERKINS PROPRIETORS, lo cual lo coloca como un medicamento compuesto por Sulfato de Morfina como componente principal, Carbonato de Sodio, Foeniculi de Licores y Amoníaco Acuoso, el cual era utilizado como calmante en niños que empezaban con la dentición y que estuvo en circulación desde la segunda mitad del siglo XIX y la primera treintena del siglo XX.

Los otros dos elementos integrados al catálogo de piezas consistieron en una botella transparente al 85% de conservación de tipo prensado y soplado en molde con

Figura 6.1. Botella de MRS. WINSLOW'S SOOTHING SYRUP obtenida en el predio (Núm. de inventario CATSA: 49636).

Figura 6.2. MRS. WINSLOW'S imagen cortesía del Museo DEA.

relieve grabado a un costado y frente de la misma. En la cara frontal la palabra MÉXICO y en el lateral DENTISTA; lo que siguiere que fue empleada para contener algún fármaco de igual manera asociado a problemas o padecimientos bucales a finales del siglo XIX. La cuarta pieza de igual forma con un 90% de conservación corresponde a una botella de vidrio soplado en molde de tres partes, con iniciales alfabéticas en la base y de boca irregular en color verde obscuro / olivo. Presenta en el cuello una etiqueta no identificada, pero que por su tipo y forma de la pieza se puede suponer el contenido de algún tipo de bebida alcohólica y posiblemente fechado para el siglo XIX.

Del resto de los elementos fragmentados se tuvo Vidrio Ámbar, Verde Olivo, Verde Claro, y Transparente. Los elementos ámbar, estuvieron compuestos por tres fondos, posiblemente asociado uno de ellos a medicamentos, uno de fondo circular posiblemente a cerveza y otro de envase pequeño y ovalado quizá a algún producto de licor; todo ellos en técnica de prensado y modelado. Los elementos verdes claro consistieron en un medio cuerpo y fondo de botella muy delgada con burbujas del trabajo de manufactura la cual corresponde al tipo soplado en molde; un cuello y boca de botella tipo prensado y modelado; y un fondo con motivo floral del tipo vidrio soplado al observarse el puntil al centro de la base, siendo este uno de los elementos más tempranos quizá de finales del siglo XVII o hacia a inicios del siglo XIX.

Los elementos transparentes consistieron en un fragmento de vaso seccionado por la mitad de forma horizontal y mitad de forma trasversal por lo que solo se conserva un medio fondo con parte del cuerpo; corresponde a una manufactura del tipo industrial en molde. Un fragmento de cuello y boca de botella irregular, de posible elaboración en molde y prensado; un fragmento de plato de fondo cóncavo y un elemento posiblemente ornamental elaborado en molde con relieve; todos estos elementos entre finales del XIX y la primera mitad del XX.

Finalmente, los elementos de color verde obscuro, presentaron el fondo de un botellón con huella de puntil situándolo como el segundo objeto más temprano hacia la segunda mitad del XVIII. Tambien se tuvo el cuello y boca irregular de una botella posiblemente de licor, y un fragmento de hombro con emblema de una casa productora de vino espumoso llamado "*J. Pernod Couvet*" y una cruz al centro. Este producto está fechado a finales del XIX y principios del XX como un "elixir" de recomendación médica manufacturado en Couvet, Suiza.

Lamentablemente, y sin considerar los elementos que cuentan con algún dato de marca o casa de fabricación que los pueda ubicar cronológicamente; con el resto de los fragmentos solo se puede suponer por las técnicas una posible ubicación temporal y de uso; ya que uno de los problemas de las técnicas de elaboración del vidrio es que aun en la actualidad se elaboran objetos de vidrio soplado o en molde de manera artesanal.

El total de fragmentos cerámicos recuperados de la excavación ya una vez clasificados y tabulados fue de 10,132. Una vez realizado el descarte y la selección de materiales que conformaron el muestrario para reguardo en la ceramoteca de la Dirección de Salvamento Arqueológico del INAH, se almacenaron en 3 cajas con un total de 376 fragmentos (3.71% del total recuperado) y dispuestos en 80 bolsas según los grupos y tipos clasificados respectivamente.

Por su parte la lítica estuvo conformada por una cuantificación total de 105 piezas, de las cuales 28 elementos forman parte del muestrario final.

En cuanto a los elementos vítreos, se obtuvieron un total de 19 fragmentos, de los cuales 16 forman de igual manera parte del muestrario ingresado a resguardo.

De forma adicional, se seleccionaron 21 objetos que por sus características únicas o su grado de conservación superior al 75% de la pieza, fueron integrados a la sección de catalogación de la Dirección de Salvamento Arqueológico del INAH.

Los materiales en cuestión que conforman parte de estos acervos, se plasman dentro del anexo 3 de este documento.

7
Consideraciones finales

Durante el periodo Posclásico, la dinámica poblacional, el crecimiento y el ordenamiento de la misma en Azcapotzalco se dio de manera propicia debido a las fuentes acuíferas circundantes. Para el área de estudio en cuestión, el barrio prehispánico de Nextenco (Nextengo) contó con uno de los varios manantiales de agua dulce en la región los cuales proveyeron de agua a la población (Córdoba 2007:137). Adicional a esto, la cercanía con las márgenes del lago de Texcoco permitió a varias poblaciones el trabajo de la sal, su extracción, procesamiento y purificación. Córdoba (2007:138) apunta que la evidencia de este tipo de actividad es la localización de cerámicas del tipo impresión textil -lagos sin engobe- o las coloquialmente llamadas "salineras".

A partir de los materiales localizados y analizados se observa una clara ocupación desde el Posclásico Temprano hasta la actualidad representado por materiales de todas las temporalidades; sin embargo, considerando el uso/destino del predio antes de su ocupación actual, la deposición de materiales de relleno o escombro proveniente de otros destinos, la acumulación de materiales y la remoción de los estratos superficiales a causa de la misma dinámica del predio; deja en un supuesto dicha posible ocupación.

Si bien, el predio en cuestión se localiza a escasas dos calles al sur de la capilla de San Salvador Nextengo -además de encontrarse en el área poligonal de monumentos-, la presencia de materiales revueltos (alterados) en un rango de 30 a 80 centímetros; sugiere más bien un deposito secundario de los mismos. Si bien es posible que la presencia de materiales del complejo Azteca III esté ligado a la producción en Azcapotzalco; la combinación de los materiales de otras etapas hace difícil aseverar esta hipótesis.

Otro punto de interés fue la diversidad de elementos que, a pesar de las alteraciones contextuales; brindaron elementos que podemos considerar como "diagnósticos", los cuales consistieron en una diversidad de figurillas, malacates, sahumadores, copas de base de pedestal, cajetes, cuencos, ollas y cazuelas dentro de las tipologías prehispánicas.

De igual manera la presencia de jarras, jarrones, tazas, candeleros, botellas, platos, entre otros, permitió definir de forma cronológica las fases históricas. Esto ayuda a aproximarse e interpretar en cierta medida que si bien el mayor porcentaje de la vajilla Azteca correspondió a elementos de carácter domestico; también se identificaron artefactos asociados a actividades de función ritual como los fragmentos de sahumadores, braseros e incensarios.

Después de realizar todas las expansiones posibles, se puede inferir que el muro localizado pudo fungir como contención a un posible canal de agua –potable o alcantarillado- y el cual fue en algún momento entubado y encofrado para su funcionamiento. De igual manera, posterior a este hecho, se adosaron secciones de muro y contrafuertes o refuerzos que apoyasen a la construcción original, pues la mayoría de los materiales asociados, pueden ubicar estas modificaciones hacia la segunda mitad del siglo del XIX. Ya en el siglo XX, se realizan otro tipo de transformaciones que se evidenciaron al momento de colocar los registros de drenaje elaborados a base de ladrillo y el empleo de tubos de albañal.

Lamentablemente, al tener todos los materiales en un contexto alterado por las diversas modificaciones, así como la falta de contextos sellados; solo permite que el planteamiento anterior sea hipotético.

Finalmente, se considera que la unificación de los datos provenientes de este predio con otros circundantes ayudara a tener más claro las dinámicas y modificaciones ocupacionales en la zona, así como la estandarización en el estudio de los materiales que permita generar cronologías más acertadas.

Anexo 1

Localización del predio

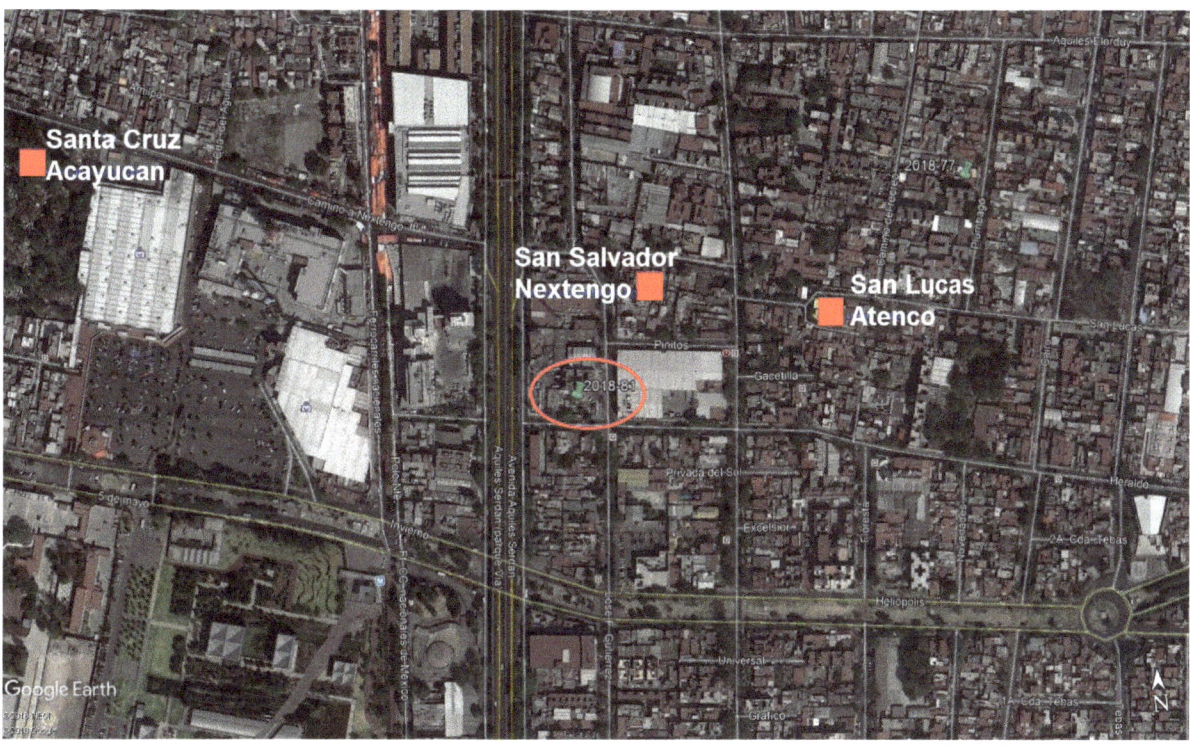

Figura A1.1. Sitio del salvamento -en ovalo rojo- con relación a la propuesta de barrios de Córdoba 1997. En punto verde se observa la localización del sitio de excavación.

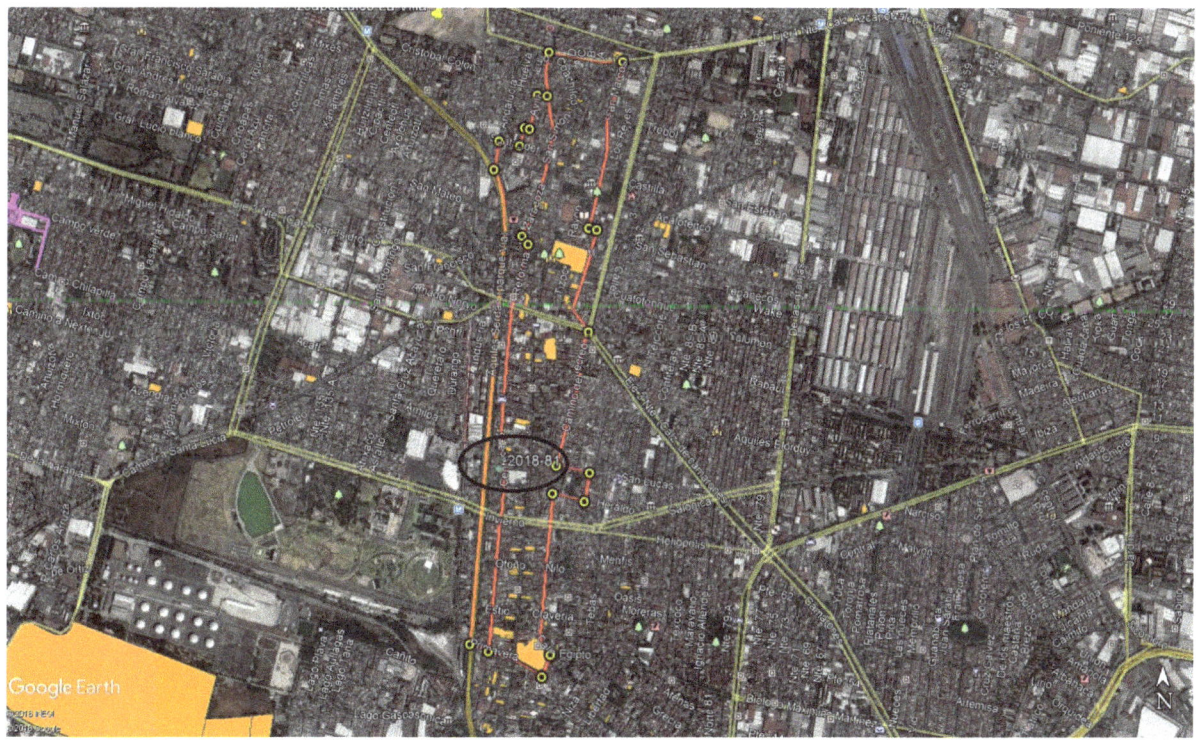

Figura A1.2. Sitio del salvamento –en ovalo negro- con relación a la poligonal de zona de monumentos realizada por la Dirección de Monumentos Históricos del INAH. En color naranja los predios catalogados como monumentos históricos (Plano con base de datos en el Decreto de Zona de Monumentos de 1986, en la poligonal de la Dirección de Monumentos Históricos del INAH, y de la Dirección de Salvamento Arqueológico del INAH).

Anexo 2

Tablas de materiales integrados al muestrario de la Ceramoteca de la Dirección de Salvamento Arqueológico

Tabla A2.1. Cronología general de los materiales cerámicos localizados en el predio y las referencias empleadas para su identificación y clasificación.

Salvamento Arqueológico en el predio Polo Norte #35, colonial Angel Zimbron, Delegación Azcapotzalco, Ciudad de México					
Cronología	Complejo	Loza	Grupo	Tipo	Referencias
Poscásico Temprano (1300-1428)	Azteca III Temprano	Azteca Bruñida	Anaranjado	Azteca II Anaranjado Monocromo	Cervantes y Fournier 1995, Cervantes, Fournier y Carballal 2007
				Azteca II Negro sobre Anaranjado	Cervantes y Fournier 1995, Cervantes, Fournier y Carballal 2007, Séjourné 2009
				Azteca III Temprano Anaranjado Monocromo	Cervantes y Fournier 1995, Cervantes, Fournier y Carballal 2007
				Azteca III Temparano Negro sobre Anaranjado	Cervantes y Fournier 1995, Cervantes, Fournier y Carballal 2007, Séjourné 2009
				Anáhuac Anaranjado Monocromo	Cervantes, Fournier y Carballal 2007
			Gris	Aztecapan Gris Monocromo	Cervantes y Fournier 1995
		Cuenca Bruñida	Café	Cuenca Café Monocromo	Cervantes y Fournier 1995, Cervantes, Fournier y Carballal 2007
		Canal Alisada	Café	Canal Café Monocromo	Cervantes y Fournier 1995, Cervantes, Fournier y Carballal 2007
		Xochimilco Alisada	Crema	Xochimilco Crema Monocromo	Cervantes y Fournier 1995, Cervantes, Fournier y Carballal 2007
				Xochimilco Blanco sobre Crema	Cervantes y Fournier 1995, Cervantes, Fournier y Carballal 2007
				Xochimilco Rojo sobre Blanco	Cervantes y Fournier 1995, Cervantes, Fournier y Carballal 2007
				Xochimilco Blanco sobre Negro	Cervantes y Fournier 1995, Cervantes, Fournier y Carballal 2007
				Xochimilco Negro sobre Blanco	Cervantes y Fournier 1995, Cervantes, Fournier y Carballal 2007
				Xochimilco Negro y Blanco con Rojo sobre crema	Cervantes y Fournier 1995, Cervantes, Fournier y Carballal 2007
		Lagos sin Engobe	Anaranjado	Lagos Anaranjado Impreso	Cervantes y Fournier 1995, Cervantes, Fournier y Carballal 2007
		Azteca Alisada	Anaranjado	Azteca Alisado Anaranjado Compuesto	Cervantes y Fournier 1995
				Azteca Alisado Anaranjado Monocromo	Cervantes, Fournier y Carballal 2007
				Azteca III Especial Inciso (Anaranjado Monocromo Inciso)	Sin referencias (Charlton, Fournier y Otis 2007)
		Azteca Pulida	Anaranjado	Pulido Anaranjado Monocromo	Cervantes, Fournier y Carballal 2007

Arqueología Urbana en San Salvador Nextengo

Salvamento Arqueológico en el predio Polo Norte #35, colonial Angel Zimbron, Delegación Azcapotzalco, Ciudad de México					
Cronología	Complejo	Loza	Grupo	Tipo	Referencias
Posclásico tardío (1428-1521)	Azteca III Tardío	Azteca Bruñida	Anaranjado	Azteca III Tardío Anaranjado Monocromo	Cervantes y Fournier 1995; Cervantes, Fournier y Carballal 2007; Charlton, Fournier y Otis 2007
				Azteca III Tardío Negro sobre Anaranjado	Cervantes y Fournier 1995; Cervantes, Fournier y Carballal 2007; Charlton, Fournier y Otis 2007; Séjourné 2009
				Azteca IV Negro sobre Anaranjado	Cervantes y Fournier 1995; Cervantes, Fournier y Carballal 2007; Charlton, Fournier y Otis 2007
		Sahumadores Macizos	Superficie Roja o Negra Pulida	Azteca Rojo o Negro Pulido Orejonas	Charlton, Fournier y Otis 2007
		Texcoco Bruñida	Rojo	Texcoco Rojo Monocromo	Cervantes y Fournier 1995, Charlton, Fournier y Otis 2007
				Texcoco Negro sobre Rojo	Cervantes y Fournier 1995, Cervantes, Fournier y Carballal 2007, Charlton, Fournier y Otis 2007
				Texcoco Blanco y Negro sobre Rojo	Cervantes y Fournier 1995, Cervantes, Fournier y Carballal 2007, Charlton, Fournier y Otis 2007
				Texcoco Blanco Firme sobre Rojo	Cervantes y Fournier 1995, Cervantes, Fournier y Carballal 2007, Charlton, Fournier y Otis 2007
				Texcoco Compuesto	Cervantes y Fournier 1995, Cervantes, Fournier y Carballal 2007, Charlton, Fournier y Otis 2007
				Texcoco Amarillo y Blanco sobre Rojo	Cervantes y Fournier 1995, Cervantes, Fournier y Carballal 2007, Charlton, Fournier y Otis 2007
		Loza de Intercambio	Policromo	Chalco-Cholula Policromo (Rojo y Negro sobre Anaranjado Laca)	Charlton, Fournier y Otis 2007, Fournier et al. 1998
Posclásico 1300-1521	Azteca III	Misceláneos	Modelado al pastillaje	Fragmento de Brasero Café	Cervantes, Fournier y Carballal 2007
			Modelada	Fragmento de Maqueta	Cervantes, Fournier y Carballal 2007
			Recorte	Tejo	Sin referencias
			Modelado	N/I	Cervantes, Fournier y Carballal 2007
		Texcoco Bruñida	Bruñido	Pipas	Cervantes, Fournier y Carballal 2007, Muestrario "Plaza San Juanico Nextipac, Delegación Iztapalapa", DSA-INAH
		Huecas y Modeladas	Figurillas	Figurillas	Cervantes, Fournier y Carballal 2007
		Alisado	Comales	Comales	Sin referencias

Salvamento Arqueológico en el predio Polo Norte #35, colonial Angel Zimbron, Delegación Azcapotzalco, Ciudad de México					
Cronología	Complejo	Loza	Grupo	Tipo	Referencias
Novohispano S. XVI-XIX 1521-1850	Colonial temprano S. XVI - XVII 1521 – 1620/1700	Cuauhtitlan Bruñida	Rojo	Cuauhtitlán Negro Grafito sobre Rojo	Charlton et al., 1995; Charlton, Fournier y Otis 2007
		Vidriado	Anaranjado	Azteca 5 ó Epigonal	Charlton, Fournier y Otis 2007
		Mayólica	Ciudad de México	Mayólica Indefinida Crema ó Blanca, tradición Ciudad de México	Lister y Lister 1982; Charlton, Fournier y Otis 2007
				San Juan Policromo (Fig Springs Policromo)	Goggin 1968; Lister y Lister 1982; Charlton, Fournier y Otis 2007
				San Luis Azul sobre Blanco (1550-1650)	Goggin 1968; Charlton, Fournier y Otis 2007
			Policroma	San Luis Policromo	Goggin 1968; Charlton, Fournier y Otis 2007
				Puebla Policromo	Goggin 1968; Lister y Lister 1982; Florida Museum of History
	Colonial S. XVII - XVIII (XVI-XIX) 1521-1850	Vidriado	Transparente	Vidriado Transparente	Charlton, Fournier y Otis 2007, Rodriguez 2015
			Verde o Negro	Vidriado Transparente Verde ó Negro Manchado Sellado	Charlton, Fournier y Otis 2007, Rodriguez 2015
				Vidriado Transparente Negro y Verde Transparente	Cervantes 1976
			Verde	Verde Vidriado	Cervantes 1976, Charlton, Fournier y Otis 2007, Rodríguez 2015
				Vidriado Transparente Verde Manchado	Cervantes 1976
				Vidriado Transparente Verde Transparente	Cervantes 1976
				Vidriado Transparente Verde Sellado	Cervantes 1976, Charlton, Fournier y Otis 2007, Rodríguez 2015
				Vidriado Transparente Verde, Transparente u Ornado	Cervantes 1976
			Negro	Vidriado Transparente Negro, Transparente u Ornado	Cervantes 1976
				Vidriado Transparente Negro Sellado	Charlton, Fournier y Otis 2007, Rodriguez 2015

Salvamento Arqueológico en el predio Polo Norte #35, colonial Angel Zimbron, Delegación Azcapotzalco, Ciudad de México					
Cronología	Complejo	Loza	Grupo	Tipo	Referencias
Moderno S. XIX-XX 1850 al presente	Moderno S. XVII - XIX	Guadalajara	Policromo	Tonalá	Florida Museum of Natural History
	Moderno S. XVIII - XIX	Moderno	Alisados	Rojo Alisado	Sin referencias
				Rojo Alisado Inciso	Sin referencias
				Bayo Alisado inciso	Sin referencias
				Rojo a Bayo Alisado Inciso	Sin referencias
	Moderno S. XIX	Loza Constructiva	Mosaico	Piso Pasta Verde	Sin referencias
				Piso Pasta Amarillo	Sin referencias
				Piso Pasta Policromo	Sin referencias
			Anaranjada	Teja Alisada acanalada con muesca	Sin referencias
		Loza Fina	Monocroma	Loza Fina Blanca	Fournier 1984, Florida Museum of Natural History
			Bicroma	Loza Crema sin decoración	Fournier 1984
				Loza Fina Azul sobre Blanco Azul Difuso	Fournier 1984
				Loza Fina Bandas Azules sobre Blanco	Fournier 1984
				Loza Fina Bandas Anaranjadas sobre Blanco	Fournier 1984
			Policroma	Loza Fina Bandas Verdes y Grises sobre Blanco	Sin Referencia
				Loza Fina Rosa sobre Blanco con Bandas Oro y Plata	Sin referencia
		Porcelana	Monocroma	Porcelana Blanca	Fournier 1984
			Policroma	Porcelana Francesa	Fournier 1984
		Vidriado	Tubos	Vidriado Verde Grisáceo Acanalado Cilíndrico	Sin referencias
				Vidriado Café Obscuro Acanalado Cilíndrico	Burgos 1995 (similar a variedad "Pato Café Tostado")
				Vidriado Verde Transparente Campana Reducida	Sin referencias
		Mayólica	Ciudad de México	Mayólica Indefinida Policroma	Lister y Lister 1982; Charlton, Fournier y Otis 2007
				Mayólica Indefinida Policroma Tradición Ciudad de México	Lister y Lister 1982; Charlton, Fournier y Otis 2007
				Mayólica Indefinida Tradición Ciudad de México S. XIX	Lister y Lister 1982; Charlton, Fournier y Otis 2007
			Bicroma	Tetepantla Negro sobre Blanco	Lister y Lister 1982
			Policromo	Oaxaca Policromo	Lister y Lister 1982

Elaboró: Arqlgo. Geiser Gerardo Martín Medina, Noviembre 2018

Anexo 2 | *Tablas de materiales integrados al muestrario de la Ceramoteca de la Dirección...*

Tabla A2.2. Tabulación general de los materiales cerámicos localizados en el predio excavado.

Salvamento Arqueológico en el predio Polo Norte #35, colonial Angel Zimbron, Delegación Azcapotzalco, Ciudad de México					
ANALISIS DEL MATERIAL CERAMICO				
Cronologia	**Complejo**	**Loza**	**Grupo**	**Tipo**
Posclásico Temprano (1300-1428)	Azteca III Temprano	Azteca Bruñida	Anaranjado	Azteca II Anaranjado Monocromo
				Azteca II Negro sobre Anaranjado
				Azteca III Temprano Anaranjado Monocromo
				Azteca III Temparano Negro sobre Anaranjado
				Anáhuac Anaranjado Monocromo
			Gris	Aztecapan Gris Monocromo
		Cuenca Bruñida	Café	Cuenca Café Monocromo
		Canal Alisada	Café	Canal Café Monocromo
		Xochimilco Alisada	Crema	Xochimilco Crema Monocromo
				Xochimilco Blanco sobre Crema
				Xochimilco Rojo sobre Blanco
				Xochimilco Blanco sobre Negro
				Xochimilco Negro sobre Blanco
				Xochimilco Negro y Blanco con Rojo sobre crema
		Lagos sin Engobe	Anaranjado	Lagos Anaranjado Impreso
		Azteca Alisada	Anaranjado	Azteca Alisado Anaranjado Compuesto
				Azteca Alisado Anaranjado Monocromo
				Azteca III Especial Inciso (Anaranjado Monocromo Inciso)
		Azteca Pulida	Anaranjado	Pulido Anaranjado Monocromo
Posclásico tardío (1428-1521)	Azteca III Tardío	Azteca Bruñida	Anaranjado	Azteca III Tardío Anaranjado Monocromo
				Azteca III Tardío Negro sobre Anaranjado
				Azteca IV Negro sobre Anaranjado
		Sahumadores Macizos	Superficie Roja o Negra Pulida	Azteca Rojo o Negro Pulido Orejonas
		Texcoco Bruñida	Rojo	Texcoco Rojo Monocromo
				Texcoco Negro sobre Rojo
				Texcoco Blanco y Negro sobre Rojo
				Texcoco Blanco Firme sobre Rojo
				Texcoco Compuesto
				Texcoco Amarillo y Blanco sobre Rojo
		Loza de Intercambio	Policromo	Chalco-Cholula Policromo (Rojo y Negro sobre Anaranjado Laca)
Posclásico (1300-1521)	Azteca III	Misceláneos	Modelado al pastillaje	Fragmento de Brasero Café
			Modelada	Fragmento de Maqueta
			Recorte	Tejo
			Modelado	N/I
			Modelado	Resonador
			Malacate	Malacate
		Texcoco Bruñida	Bruñido	Pipas
		Huecas y Modeladas	Figurillas	Figurillas
		Alisado	Comales	Comales

Arqueología Urbana en San Salvador Nextengo

Salvamento Arqueológico en el predio Polo Norte #35, colonial Angel Zimbron, Delegación Azcapotzalco, Ciudad de México				
ANALISIS DEL MATERIAL CERAMICO				
Cronologia	**Complejo**	**Loza**	**Grupo**	**Tipo**
Novohispano S. XVI-XIX (1521-1850)	Colonial temprano S. XVI - XVII 1521 – 1620/1700	Cuauhtitlan Bruñida	Rojo	Cuauhtitlán Negro Grafito sobre Rojo
		Vidriado	Anaranjado	Azteca 5 ó Epigonal
		Mayólica	Ciudad de México	Mayólica Indefinida Crema ó Blanca, tradición Ciudad de México
				San Juan Policromo (Fig Springs Policromo)
				San Luis Azul sobre Blanco (1550-1650)
			Policroma	San Luis Policromo
				Puebla Policromo
	Colonial S. XVII - XVIII (XVI-XIX) 1521-1850	Vidriado	Transparente	Vidriado Transparente
			Verde o Negro	Vidriado Transparente Verde ó Negro Manchado Sellado
				Vidriado Transparente Negro y Verde Transparente
			Verde	Verde Vidriado
				Vidriado Transparente Verde Manchado
				Vidriado Transparente Verde Transparente
				Vidriado Transparente Verde Sellado
				Vidriado Transparente Verde, Transparente u Ornado
			Negro	Vidriado Transparente Negro, Transparente u Ornado
				Vidriado Transparente Negro Sellado
Moderno S. XIX-XX 1850 al presente	Moderno S. XVII - XIX	Guadalajara	Policromo	Tonalá
	Moderno S. XVIII - XIX	Moderno	Alisados	Rojo Alisado
				Rojo Alisado Inciso
				Bayo Alisado inciso
				Rojo a Bayo Alisado Inciso
	Moderno S. XIX	Loza Constructiva	Mosaico	Piso Pasta Verde
				Piso Pasta Amarillo
				Piso Pasta Policromo
			Anaranjada	Teja Alisada acanalada con muesca
		Loza Fina	Monocroma	Loza Fina Blanca
			Bicroma	Loza Crema sin decoración
				Loza Fina Azul sobre Blanco Azul Difuso
				Loza Fina Bandas Azules sobre Blanco
				Loza Fina Bandas Anaranjadas sobre Blanco
			Policroma	Loza Fina Bandas Verdes y Grises sobre Blanco
				Loza Fina Rosa sobre Blanco con Bandas Oro y Plata
		Porcelana	Monocroma	Porcelana Blanca
			Policroma	Porcelana Francesa
		Vidriado	Tubos	Vidriado Verde Grisáceo Acanalado Cilíndrico
				Vidriado Café Obscuro Acanalado Cilíndrico
				Vidriado Verde Transparente Campana Reducida
		Mayólica	Ciudad de México	Mayólica Indefinida Policroma
				Mayólica Indefinida Policroma Tradición Ciudad de México
				Mayólica Indefinida Tradición Ciudad de México S. XIX
			Bicroma	Tetepantla Negro sobre Blanco
			Policromo	Oaxaca Policromo

Anexo 2 | *Tablas de materiales integrados al muestrario de la Ceramoteca de la Dirección...*

Tablas A2.3. y A2.4. Aspectos considerados para los materiales líticos y vítreos localizados en el predio y las referencias empleadas para su identificación y clasificación.

SALVAMENTO ARQUEOLOGICO EN LA CALLE POLO NORTE #35, COLONIA ÁNGEL ZIMBRÓN, DELGACIÓN AZCAPOTZALCO, CIUDAD DE MÉXICO					
Materia Prima	Uso/Destino	Función	Industria	Tipo de Trabajo	Forma	Referencias
Obsidiana	Instrumentos de trabajo para procesos productivos basicos	Instrumentos de corte por desgaste	Preformas de nucleos prismaticos	Preformas	Triangulares	Cruz 1994; Pastrana 2007
					Laminares	Cruz 1994; Pastrana 2007
					Raspadores	Cruz 1994; Pastrana 2007
					Nucleo Tabular Agotado	Cruz 1994; Pastrana 2007
					Preforma	Cruz 1994; Pastrana 2007
			Plataformas de Percusión	Fragmentos	Nucleo Tabular Prismatico	Cruz 1994; Pastrana 2007
					Fractura	Cruz 1994; Pastrana 2007
					Lascas por talla	Cruz 1994; Pastrana 2007
			Industria de Navajillas	Navajillas	Prismaticas	Cruz 1994; Pastrana 2007
Andesita		Instrumentos para la preparación de alimentos	Industria de Molienda	Abrasión y desgaste	Manos Rectangulares	Rodriguez 2014, Ruiz 2009
					Manos Circulares	Rodriguez 2014, Ruiz 2009
					Manos de Perilla	Rodriguez 2014, Ruiz 2009
					Metate	Rodriguez 2014, Ruiz 2009
Basalto					Molcajete	Rodriguez 2014, Ruiz 2009
					Mortero	Rodriguez 2014, Ruiz 2009
Andesita		Otros	Herramientas	Golpe y Percusión	Hachas	Sin referencias
Silex				Fragmentos	Lascas por talla	Sin referencias
Origen Marino				Abrasión y desgaste	Alizador	Sin referencias
Basalto	Objetos	Decorativa	Constructiva	Pulido	Clavo	Sin referencias
Andesita					Clavo	Sin referencias

Elaboró: Arqlgo. Geiser Gerardo Martín Medina, Noviembre 2018

SALVAMENTO ARQUEOLOGICO EN LA CALLE POLO NORTE #35, COLONIA ÁNGEL ZIMBRÓN, DELGACIÓN AZCAPOTZALCO, CIUDAD DE MÉXICO							
ANALISIS DEL MATERIAL VITREO							
Material	Coloración	Objeto	Sección	Elaboración	Observación	Referencias	
Vidrio	Ambar	Botella	Fondo	Doble Molde o hecho a maquina	Industrial S.XX	Hernández et. al. 2012, Toscano et. al. 2011	
	Verde Olivo	Botella	Fondo	Soplado en Molde	S. XIX	Hernández et. al. 2012, Toscano et. al. 2011	
		Botella	Cuerpo	Soplado	S. XIX	Hernández et. al. 2012, Toscano et. al. 2011	
		Botella	Boca	Soplado	S. XIX	Hernández et. al. 2012, Toscano et. al. 2011	
	Verde Claro	Botella	Fondo	Soplado en Molde	S. XIX	Hernández et. al. 2012, Toscano et. al. 2011	
		Botella	Fondo	Soplado y modelado	S. XIX	Hernández et. al. 2012, Toscano et. al. 2011	
		Botella	Boca	Doble Molde o hecho a maquina	Industrial S.XX	Hernández et. al. 2012, Toscano et. al. 2011	
	Transparente	Botella	Completa	Doble Molde o hecho a maquina	Industrial S.XX	Hernández et. al. 2012, Toscano et. al. 2011	
		Botella	Boca	Doble Molde o hecho a maquina	Industrial S.XX	Hernández et. al. 2012, Toscano et. al. 2011	
		Plato	fondo	Doble Molde o hecho a maquina	Industrial S.XX	Hernández et. al. 2012, Toscano et. al. 2011	
		Ornamento	N/I	Doble Molde o hecho a maquina	Industrial S.XX	Hernández et. al. 2012, Toscano et. al. 2011	
	Azul	Botella	Completa	Doble Molde o hecho a maquina	Industrial S.XX	Hernández et. al. 2012, Toscano et. al. 2011	

Elaboró: Arqlgo. Geiser Gerardo Martín Medina, Noviembre 2018

Anexo 3

Catálogo de materiales integrados al Muestrario de la Ceramoteca de la Dirección de Salvamento Arqueológico (DSA-INAH)

Tipos Cerámicos

Figura A3.1. Azteca II Anaranjado Monocromo

Figura A3.4. Azteca III Tardío Monocromo Miniaturas

Figura A3.2. Azteca II Negro sobre Anaranjado

Figura A3.5. Azteca III Tardío Anaranjado Monocromo

Figura A3.3. Azteca III Temprano Negro sobre Anaranjado

Figura A3.6. Azteca III Tardío Negro sobre Anaranjado

Arqueología Urbana en San Salvador Nextengo

Figura A3.7. Anáhuac Anaranjado Monocromo

Figura A3.11. Azteca III Anaranjado Pulido

Figura A3.8. Aztecapan Gris Monocromo

Figura A3.12. Azteca III Alisado Compuesto

Figura A3.13. Azteca III Especial Inciso (Anaranjado Monocromo Inciso)

Figuras A3.9 y A3.10. Azteca III Anaranjado y/o Bayo Alisado

Anexo 3 | *Catálogo de materiales integrados al Muestrario de la Ceramoteca de la Dirección...*

Figura A3.14. Canal Café Monocromo

Figura A3.15. Cuenca Café Monocromo

Figura A3.16. Xochimilco Blanco sobre Crema

Figura A3.17. Xochimilco Crema Monocromo

Figura A3.18. Xochimilco Negro sobre Blanco

Figura A3.19. Xochimilco Blanco sobre Negro

Figuras A3.20 y A3.21. Xochimilco Negro y Blanco con Rojo sobre Crema

65

Arqueología Urbana en San Salvador Nextengo

Figura A3.22. Xochimilco Rojo sobre Blanco

Figura A3.23. Lagos sin Engobe

Figura A3.24. Azteca IV Negro sobre Anaranjado

Figura A3.25. Azteca III Sahumadores Macizos

Figura A3.26. Texcoco Rojo Monocromo

Figura A3.27. Texcoco Compuesto

Figura A3.28. Texcoco Blanco y Negro sobre Rojo

Figura A3.29. Texcoco Blanco Firme sobre Rojo

Anexo 3 | Catálogo de materiales integrados al Muestrario de la Ceramoteca de la Dirección...

Figura A3.30. Texcoco Amarillo y Blanco sobre Rojo

Figura A3.34. Malacates

Figura A3.31. Texcoco Negro sobre Rojo

Figura A3.35. Fragmentos de Bracero

Figura A3.32. Chalco – Puebla Policromo

Figura A3.36. Fragmento de Maqueta

Figura A3.33. Pipas

Figura A3.37. Cuauhtitlán Negro Grafito sobre Rojo

Arqueología Urbana en San Salvador Nextengo

Figuras A3.38 y A3.39. Fragmentos de figurillas

Figuras A3.42 y A3.43. San Luis Azul sobre Blanco

Figuras A3.40 y A3.41. Comales

Figuras A3.44 y A3.45. San Juan Policromo (Fig Springs Policromo)

Figuras A3.46 y A3.47. Puebla Policromo

Figuras A3.50 y A3.51. San Luis Policromo

Figuras A3.48 y A3.49. Mayólica Indefinida Crema o Blanca, tradición Ciudad de México

Figuras A3.52 y A3.53. Vidriado Transparente Verde Manchado con Negro

Figuras A3.54, A3.55 y A3.56. Azteca V

Figura A3.57. Vidriado Transparente Verde Sellado

Figuras A3.58, A3.59, A3.60 y A3.61. Vidriado Transparente Verde Manchado

Anexo 3 | Catálogo de materiales integrados al Muestrario de la Ceramoteca de la Dirección...

Figuras A3.62 y A3.63. Vidriado Transparente Verde Manchado u Ornado

Figura A3.64. Verde Vidriado

Figura A3.65. Vidriado Transparente Negro Manchado u Ornado

Figura A3.66. Vidriado Negro Sellado

Figura A3.67. Vidriado Negro o Verde Manchado Sellado

Figura A3.68. Vidriado Transparente

Figura A3.69. Fina Blanca

Arqueología Urbana en San Salvador Nextengo

Figuras A3.70 y A3.71. Loza Fina Crema sin Decoración

Figuras A3.74 y A3.75. Loza Fina Bandas Azules sobre Blanco

Figuras A3.72 y A3.73. Loza Fina Bandas Verdes y Grises sobre Blanco

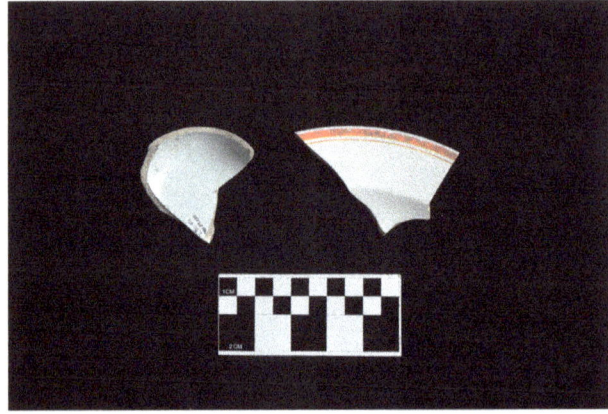

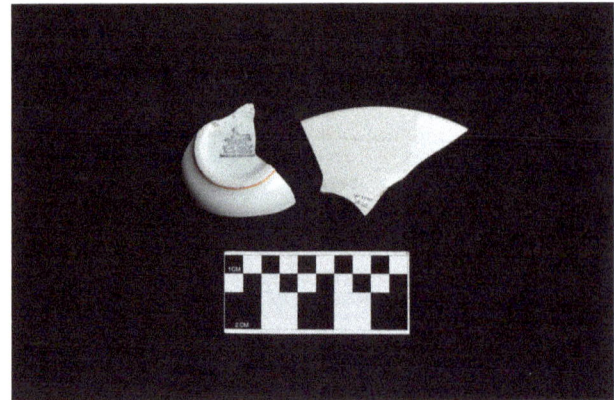

Figuras A3.76 y A3.77. Loza Fina Bandas Anaranjadas sobre Blanco

Figuras A3.78 y A3.79. Loza Fina Azul sobre Blanco, Azul Difuso

Figuras A3.82 y A3.83. Oaxaca Policromo

Figuras A3.80 y A3.81. Porcelana

Figuras A3.84 y A3.85. Mayólica Indefinida Policroma Tradición Ciudad de México S.XIX

Figuras A3.86 y A3.87. Mayólica Indefinida Policroma Tradición Ciudad de México

Figuras A3.90 y A3.91. Tetepantla Negro sobre Blanco

Figuras A3.88 y A3.89. Mayólica Indefinida Policroma

Figuras A3.92 y A3.93. Tonalá

Figura A3.94. Loza Fina Rosa sobre Blanco, Bandas Oro y Plata

Figura A3.95. Rojo Acanalado Alisado

Figura A3.96. Rojo a Bayo Acanalado Alisado

Figura A3.97. Bayo Acanalado Alisado

Figura A3.98. Rojo Alisado

Figuras A3.99 y A3.100. Pisos de Pasta Amarillo, Verde y Policromo

Figura A3.101. Teja Anaranjado Alisado Acanalada con Muesca

Arqueología Urbana en San Salvador Nextengo

Figura A3.102. Vidriado Verde Transparente Campana Reducida

Figura A3.103. Vidriado Verde Grisáceo Acanalado Cilíndrico

Figuras A3.104 y A3.105. Vidriado Café Obscuro Acanalado Cilíndrico

Elementos Líticos

Figura A3.106. Fragmento de Molcajete

Figura A3.107. Fragmento de Metate

Figura A3.108. Manos Rectangulares

Figura A3.109. Mano Circular

Anexo 3 | Catálogo de materiales integrados al Muestrario de la Ceramoteca de la Dirección...

Figura A3.110. Mano de Perilla

Figura A3.111. Hachas

Figura A3.112. Silex, Lasca

Figura A3.113. Obsidiana, Lascas de Talla

Figura A3.114. Obsidiana, Preforma Triangular

Figura A3.115. Obsidiana, Preforma Laminar

Figura A3.116. Obsidiana, Preforma

Figura A3.117. Obsidiana, Preforma Raspador

Figura A3.118. Obsidiana, Núcleo de Plataforma Tabular Prismático

Figura A3.119. Obsidiana, Navajillas Prismáticas

Elementos Vítreos

Figura A3.120. Vidrio Transparente

Figura A3.121. Vidrio Ámbar

Figura A3.122. Vidrio Verde Transparente

Figura A3.123. Vidrio Verte Obscuro u Olivo

Materiales Especiales integrados a la sección CATSA-DSA (Catálogo de Salvamento Arqueológico)

Figuras A3. 124. y A3. 125. Jarra tipo Vidriado Transparente Negro Mancado Sellado

Número de Inventario CATSA: 79619

Tipo de material: Cerámica, Forma: Jarra, Materia prima: Barro, Técnica de manufactura: Modelado

Soporte: No presenta, Base: Recta, Fondo: Recto, Cuerpo: Curvo convergente, Vertedera: borde superior, Cuello: Recto divergente, Boca: Ovoidal, Labio/borde: Recto divergente, Asidera: Vertical, Color: Bícromo, Café Claro y Negro.

Tipo/variedad: Vidriado Transparente Negro Mancado Sellado, Técnica decorativa: Sellado, Motivo decorativo: Fitoformo, naturalista.

Sitio: Azcapotzalco, Región: Cuenca de México, Cultura: Novohispano Siglo XVII-XIX, Temporalidad: Colonial Área o Lugar de localización: Azcapotzalco, Ciudad de México.

Dimensiones: Alto: 15 cm., Largo: 16 cm., Ancho: 16 cm., Espesor: 0.5 cm., Diámetro: 12 cm.

Localizada en la excavación de la Unidad 4, Cuadro F-2, Capa IV. Se encontró incompleta al 98% y fracturada en el fondo, se pegaron los fragmentos encontrados en excavación, quedando una sección faltante para reintegración. Presenta un golpe en el borde superior derecho de la pieza con un faltante del engobe vidriado. Presenta decoración en la parte superior del cuerpo, con vertedera abierta en el borde.

Figuras A3. 126. y A3. 127. Cajete tipo Azteca III Anaranjado Monocromo

Número de Inventario CATSA: 79620

Tipo de material: Cerámica, Forma: Cajete, Materia prima: Barro, Técnica de manufactura: Modelado

Soporte: Plano, Base: Convexa, Fondo: Cóncavo, Cuerpo: Recto, Vertedera: No presenta, Cuello: No presenta, Boca: Circular, Labio/borde: Curvo divergente, Asidera: No presenta, Color: Anaranjado

Tipo/variedad: Azteca III, Anaranjado Monocromo, Técnica decorativa: Pulido, Motivo decorativo: No presenta

Sitio: Azcapotzalco, Región: Cuenca de México, Cultura: Mexica, Temporalidad: Posclásico, Área o Lugar de localización: Azcapotzalco, Ciudad de México.

Dimensiones: Alto: 14 cm., Largo: 10 cm., Ancho: 10 cm., Espesor: 0.5 cm., Diámetro: 10 cm.

Observaciones: Localizada en la Unidad 5, Cuadro D2, Capa II. Se encontró fragmentada en tres secciones e incompleta. Se conserva un 75% de la pieza y se consolidaron los fragmentos localizados.

Arqueología Urbana en San Salvador Nextengo

Figuras A3. 128. y A3. 129. Figurilla

Número de Inventario CATSA: 79621

Objeto: Figurilla, Forma: Antropomorfa, Materia prima: Barro, Técnica de manufactura: Modelado pastillaje, Color: Rojo anaranjado, Técnica decorativa: Inciso, Motivo decorativo: Geométrico

Sexo: Femenino, Postura: De pie, Tocado: No presenta, Atavío: Huipil corto y falda, Rango: Posible deidad-personaje no identificado.

Sitio: Azcapotzalco, Región: Cuenca de México, Cultura: Mexica, Temporalidad: Posclásico, Área o Lugar de localización: Azcapotzalco, Ciudad de México.

Dimensiones: Alto: 8 cm., Largo: 3.5 cm., Ancho: 5 cm., Espesor: 1 cm.

Observaciones: Localizada en la Unidad 2, Cuadro H4, Capa III. Falta la sección de la cabeza y los pies. Presenta una oquedad en la base de 0.8 centímetros de diámetro y otra en la parte superior en la sección que corresponde al cuello de 1.4 por 1.8 centímetros.

De igual manera presenta dos orificios en cada uno de los brazos de 0.5 centímetros y que la atraviesa del frente hacia la parte posterior. Personaje femenino posiblemente asociada a una deidad de la tierra debido a los atributos de la vestimenta, de acuerdo a la propuesta de Mondragón (2007), también podría estar asociado a la diosa Citlallicue por el motivo representado en la falta (Cravioto, 2007).

Figuras A3. 130. y A3. 131. Figurilla

Número de Inventario CATSA: 79622

Objeto: Figurilla, Forma: Antropomorfa, Materia prima: Barro, Técnica de manufactura: Modelado pastillaje, Color: Bayo, Técnica decorativa: Alisado, Motivo decorativo: No presenta

Sexo: Indefinido, Postura: Sedente, Tocado: No presenta, Atavío: No presenta, Rango: No identificado.

Sitio: Azcapotzalco, Región: Cuenca de México, Cultura: Mexica, Temporalidad: Posclásico, Área o Lugar de localización: Azcapotzalco, Ciudad de México.

Dimensiones: Alto: 7.7 cm., Largo: 2.5 cm., Ancho: 7 cm., Espesor: 2 a 2.5 cm.

Observaciones: Localizada en la Unidad 13, Cuadro H5, Capa II. Posible postura sedente al denotar la posición de las manos aparentemente sobre las rodillas. Incompleta. Falta la sección de la cabeza y los pies.

Figuras A3. 132. y A3. 133. Figurilla

Número de Inventario CATSA: 79623

Objeto: Figurilla, Forma: Antropomorfa, Materia prima: Barro, Técnica de manufactura: Modelado pastillaje, Color: Bayo, Técnica decorativa: Alisado con perforaciones, Motivo decorativo: No presenta

Sexo: Masculino, Postura: Sedente, Tocado: No presenta, Atavío: No presenta, Rango: No identificado.

Sitio: Azcapotzalco, Región: Cuenca de México, Cultura: Mexica, Temporalidad: Posclásico, Área o Lugar de localización: Azcapotzalco, Ciudad de México.

Dimensiones: Alto: 6.2 cm., Largo: 3.3 cm., Ancho: 5.7 cm., Espesor: 1.5 a 3 cm.

Observaciones: Localizada en la Unidad 12, Cuadro G5, Capa III. Falta la sección de la cabeza y los pies. Se aprecia las manos agradas de las rodillas en posición sedente, con un posible cinturón y faldellín. Presenta una protuberancia circular a la altura del vientre.

Presenta dos oquedades, una en cada brazo a altura interna del codo de 0.5 centímetros de diámetro.

Figuras A3. 134. y A3. 135. Figurilla

Número de Inventario CATSA: 79624

Objeto: No identificado, Forma: Trapezoidal, Materia prima: Barro, Técnica de manufactura: Modelado, Color: Bayo, Técnica decorativa: No presenta, Motivo decorativo: No presenta

Sexo: No presenta, Postura: No presenta, Tocado: No presenta, Atavío: No presenta, Rango: No presenta.

Sitio: Azcapotzalco, Región: Cuenca de México, Cultura: Mexica, Temporalidad: Posclásico, Área o Lugar de localización: Azcapotzalco, Ciudad de México.

Dimensiones: Alto: 4.6 cm., Largo: 2.7 cm., Ancho: 4.5 cm., Espesor: 1 cm.

Observaciones: Localizada en la Unidad 13, Cuadro H5, Capa II. Presenta dos oquedades de 0.3 centímetros de diámetro. Posible figurilla muy erosionada.

Figura A3. 138. Malacates

Dimensiones: Diámetro 4.7 cm., Alto: 2.1 cm., Espesor: 2.1 cm. / Diámetro 3.1 cm., Alto: 1 cm., Espesor: 1 cm.

Observaciones: Las descripciones y medidas son considerando primero el elemento más grande seguido del pequeño. El elemento grande presente una oquedad interior de 0.7 centímetros, el pequeño una de 0.5 centímetros.

Localizados en la Unidad 3, Cuadro H2, Capa III / Unidad 2, Cuadro H4, Capa II, respectivamente.

Figuras A3. 136. y A3. 137. Resonador tipo Anaranjado Monocromo

Número de Inventario CATSA: 79625

Objeto: Resonador, Forma: Medio circular, Materia prima: Barro, Técnica de manufactura: Modelado, Color: Anaranjado, Técnica decorativa: Inciso y acanalado, Motivo decorativo: No presenta

Sitio: Azcapotzalco, Región: Cuenca de México, Cultura: Mexica, Temporalidad: Posclásico, Área o Lugar de localización: Azcapotzalco, Ciudad de México.

Dimensiones: Alto: 5.4 cm., Largo: 2 cm., Ancho: 0.7 cm., Espesor: 0.7 cm.

Observaciones: Localizada en la Unidad 3, Cuadro H2, Capa III. La pieza presenta una oquedad perforándola de lado a lado con 0.5 centímetros, con una acanaladura por su parte interior de 0.3 centímetros por todo su largo.

Número de Inventario CATSA: 79626

Objeto: Malacate, Forma: Circular, Materia prima: Barro, Técnica de manufactura: Modelado y aslisado, Color: Bícromo Café y Negro / Café, Técnica decorativa: No presenta, Motivo decorativo: No presenta

Sitio: Azcapotzalco, Región: Cuenca de México, Cultura: Mexica, Temporalidad: Posclásico, Área o Lugar de localización: Azcapotzalco, Ciudad de México.

Figura A3. 139. Tejo

Número de Inventario CATSA: 79627

Objeto: Tejo, Forma: Semicircular, Materia prima: Barro, Técnica de manufactura: Modelado, Color: Anaranjado, Técnica decorativa: Pulido, Motivo decorativo: No presenta

Sitio: Azcapotzalco, Región: Cuenca de México, Cultura: Mexica, Temporalidad: Posclásico, Área o Lugar de localización: Azcapotzalco, Ciudad de México.

Dimensiones: Alto: 4 cm., Largo: 3.9 cm., Ancho: 0.5 cm., Espesor: 0.5 cm.

Observaciones: Localizados en la Unidad 4, Cuadro F2, Capa I. Pieza reciclada, recorte de otro objeto.

Figuras A3. 140. y A3. 141. Remate de Sahumador tipo Texcoco Compuesto

Número de Inventario CATSA: 79628

Objeto: Remate de Sahumador, Forma: Zoomorfa, Materia prima: Barro, Técnica de manufactura: Modelado, Color: Anaranjado, Técnica decorativa: Modelado, Motivo decorativo: Faunístico, Serpentino.

Sitio: Azcapotzalco, Región: Cuenca de México, Cultura: Mexica, Temporalidad: Posclásico, Área o Lugar de localización: Azcapotzalco, Ciudad de México.

Dimensiones: Alto: 5.5 cm., Largo: 10 cm., Ancho: 7.8 cm., Espesor: 0.5 – 0.7 cm., Diámetro: 1.5 – 2-5 cm.

Observaciones: Localizada en la Unidad 3, Cuadro II2, Capa III. Remate de Sahumador en forma serpentina, presenta una fractura donde debió presentar una lengua bífida.

El diámetro de tomo del exterior e interior de la sección que une en el remate con el cilindro del sahumador. Es espesor de considero de 0.5 en parte de debajo de la cabeza de serpiente y 0.7 en la sección que une con el cuerpo del sahumador.

Figuras A3. 142. y A3. 143. Remate de Brasero tipo Anaranjado Alisado

Número de Inventario CATSA: 79629

Objeto: Remate de Brasero, Forma: Zoomorfa, Materia prima: Barro, Técnica de manufactura: Modelado y Alisado, Color: Anaranjado, Técnica decorativa: Inciso, Motivo decorativo: Faunístico, Cocodrilo/Caimán.

Sitio: Azcapotzalco, Región: Cuenca de México, Cultura: Mexica, Temporalidad: Posclásico, Área o Lugar de localización: Azcapotzalco, Ciudad de México.

Dimensiones: Alto: 5 cm., Largo: 10.7 cm., Ancho: 8,7 cm., Espesor: 4.7 cm.

Observaciones: Localizada en la Unidad 3, Cuadro H2, Capa III. Fragmento de brasero al 95% de conservacón. Esta pieza corresponde a un Brasero o Incensario de posibles soportes trípodes y representa el 10% de la pieza completa. Se cotejo con un brasero de soportes trípodes con tres remates de cocodrilo localizado dentro de las colecciones y catálogos de CATSA.

Figuras A3. 144. y A3. 145. Soporte de Cajete tipo Azteca IV Negro sobre Anaranjado

Número de Inventario CATSA: 79630

Objeto: Soporte de Cajete, Forma: Zoomorfa, Materia prima: Barro, Técnica de manufactura: Modelado, Color: Bícromo Negro sobre Anaranjado, Técnica decorativa: Inciso, Motivo decorativo: Faunístico, Serpentino.

Sitio: Azcapotzalco, Región: Cuenca de México, Cultura: Mexica, Temporalidad: Posclásico, Área o Lugar de localización: Azcapotzalco, Ciudad de México.

Dimensiones: Alto: 3 cm., Largo: 9 cm., Ancho: 3.3 cm., Espesor: 2.1 cm.

Observaciones: Localizada en la Unidad 2, Cuadro H4, Capa II. Soporte de cajete con motivo zoomorfo ("Cabeza de Serpiente"). Corresponde al tipo KG6 D1B en la clasificación de Castillo y Flores 2017: 143.

Número de Inventario CATSA: 79631

Objeto: Mano de molcajete, Forma: Cónica, Materia prima: Basalto, Técnica de manufactura: pulido, Color: Gris, Técnica decorativa: No Presenta, Motivo decorativo: No Presenta, Tipo: Molienda

Sitio: Azcapotzalco, Región: Cuenca de México, Cultura: Mexica, Temporalidad: Posclásico, Área o Lugar de localización: Azcapotzalco, Ciudad de México.

Dimensiones: Alto: 6.5 cm., Largo: 5.3 cm., Ancho: 5.3 cm., Diámetro: 3.2. a 5.3cm.

Observaciones: Localizada en la Unidad 1, Cuadro J4, Capa III. Artefacto de molienda.

Figura A3. 147. Clavos

Número de Inventario CATSA: 79632

Objeto: Clavos, Forma: Cilíndrica, Materia prima: Basalto y Andesita, Técnica de manufactura: pulido, Color: Gris, Técnica decorativa: No Presenta, Motivo decorativo: No Presenta, Tipo: Contractivo

Sitio: Azcapotzalco, Región: Cuenca de México, Cultura: Mexica, Temporalidad: Posclásico, Área o Lugar de localización: Azcapotzalco, Ciudad de México.

Dimensiones: Alto: 14 cm., Largo: 7.5 cm., Ancho: 7.5 cm., Diámetro: 7.5 cm. / Alto: 14 cm., Largo: 7 cm., Ancho: 7 cm., Diámetro: 7 cm.

Observaciones: Localizados en la Unidad 4, Cuadro F2, Capa II / Unidad 10, Cuadro G4, Capa II. Descripción y medidas conforme al orden de la foto. Sin referencias.

Figura A3. 146. Mano de Molcajete

Figura A3. 148. Alisador

Número de Inventario CATSA: 79633

Objeto: Alisador, Forma: Semiesférica, Materia prima: Coral Marino, Técnica de manufactura: Pulido, Color: Gris, Técnica decorativa: No Presenta, Motivo decorativo: No Presenta, Tipo: Herramienta

Sitio: Azcapotzalco, Región: Cuenca de México, Cultura: Mexica, Temporalidad: Posclásico, Área o Lugar de localización: Azcapotzalco, Ciudad de México.

Dimensiones: Alto: 3.7 cm., Largo: 6.5 cm., Ancho: 5 cm.

Observaciones: Localizada en la Unidad 2, Cuadro H4, Capa IV. Sin referencias.

Figura A3. 149. Núcleo Tabular Agotado

Número de Inventario CATSA: 79634

Objeto: Núcleo Tabular Agotado, Forma: Triangular irregular, Materia prima: Obsidiana, Técnica de manufactura: Presión, Color: Verde obscuro, Técnica decorativa: No Presenta, Motivo decorativo: No Presenta, Tipo: Desecho de talla

Sitio: Azcapotzalco, Región: Cuenca de México, Cultura: Mexica, Temporalidad: Posclásico, Área o Lugar de localización: Azcapotzalco, Ciudad de México.

Dimensiones: Alto: 0.6 cm., Largo: 2.8 cm., Ancho: 0.9 cm.

Observaciones: Localizada en la Unidad 4, Cuadro F2, Capa I. Con base en los estudios de Cruz (1994), la obsidiana que presenta la coloración Verde corresponde a las extracciones procedentes de la Sierra de las Navajas, Hidalgo.

Dichos bancos tuvieron intensa actividad y demanda de materia prima durante la época de la Triple Alianza (Pastrana 2007).

Figura A3. 150. Preformas

Número de Inventario CATSA: 79635

Objeto: Preformas, Forma: Irregular, Materia prima: Obsidiana, Técnica de manufactura: Presión, Color: Verde, Técnica decorativa: No Presenta, Motivo decorativo: No Presenta, Tipo: Raspador

Sitio: Azcapotzalco, Región: Cuenca de México, Cultura: Mexica, Temporalidad: Posclásico, Área o Lugar de localización: Azcapotzalco, Ciudad de México.

Dimensiones: Alto: 4.7 cm., Largo: 1.5 cm., Ancho: 3.3 cm., Espesor: 1.5 cm. / Alto: 4 cm., Largo: 1.8 cm., Ancho: 3 cm., Espesor: 1.8 cm.

Observaciones: Localizada en la Unidad 3, Cuadro H2, Capa III / Unidad 2, Cuadro H4, Capa III. Las medidas corresponden al orden de los objetos presentados en la fotografía.

Con base en los estudios de Cruz (1994), la obsidiana que presenta la coloración Verde corresponde a las extracciones procedentes de la Sierra de las Navajas, Hidalgo.

Dichos bancos tuvieron intensa actividad y demanda de materia prima durante la época de la Triple Alianza (Pastrana 2007).

Figuras A3. 151 y A3.152. Botella Mrs. Winslow's

Número de Inventario CATSA: 79636

Objeto: Botella, Forma: Cilíndrica, Materia prima: Vidrio, Técnica de manufactura: Soplado y modelado, Color: Transparente, Técnica decorativa: Modelado, Motivo decorativo: Escritura en relieve, Tipo: Medicamento/Farmacéutico

Sitio: Azcapotzalco, Región: Cuenca de México, Cultura: Moderna, Temporalidad: Siglo XIX-XX (1849-1930), Área o Lugar de localización: Azcapotzalco, Ciudad de México.

Dimensiones: Alto: 13 cm., Largo de Cuello: 1.7 cm., Ancho de Hombro: 3.1 cm, Espesor: 0.3 cm., Diámetro: 3.1 cm.

Observaciones: Localizada en la Unidad 2, Cuadro H4, Capa III. Presenta la leyenda: MRS. WINSLOW'S SOOTHING SYRUP / THE ANGLO AMERICAN DRUC CO. / ------- / CURTIS & PERKINS PROPRIETORS.

Medicamento compuesto por Sulfato de Morfina como componente principal, Carbonato de Sodio, Foeniculi de Licores y Amoníaco Acuoso, el cual era utilizado como calmante en niños que empezaban con la dentición.

Medidas adicionales: 1.8 centímetros y 1.1 centímetros de diámetro en boquilla.

Estado de Conservación: excelente, pieza completa.

Figuras A3. 153 y A3.154. Botella Miniatura

Número de Inventario CATSA: 79637

Objeto: Botella, Forma: Romboidal, Materia prima: Vidrio, Técnica de manufactura: Doble molde o hecho a máquina, Color: Azul, Técnica decorativa: No presenta, Motivo decorativo: No presenta, Tipo: Medicamento/Farmacéutico

Sitio: Azcapotzalco, Región: Cuenca de México, Cultura: Moderna, Temporalidad: Siglo XIX-XX, Área o Lugar de localización: Azcapotzalco, Ciudad de México.

Dimensiones: Alto: 6.5 cm., Largo de Base: 2.5 cm., Ancho de Hombro: 3.4 cm, Espesor: 0.2 cm., Diámetro: 1.7 cm.

Observaciones: Localizada en la Unidad 2, Cuadro H4, Capa III. Medidas adicionales: 1 centímetro de diámetro en boquilla.

Estado de Conservación: excelente, pieza completa.

Figuras A3. 155 y A3.156. Botella México-Dentista

Número de Inventario CATSA: 79638

Objeto: Botella, Forma: Rectangular, Materia prima: Vidrio, Técnica de manufactura: Soplado y modelado, Color: Transparente, Técnica decorativa: Modelado, Motivo decorativo: Escritura en relieve, Tipo: Medicamento/Farmacéutico

Sitio: Azcapotzalco, Región: Cuenca de México, Cultura: Moderna, Temporalidad: Siglo XIX-XX, Área o Lugar de localización: Azcapotzalco, Ciudad de México.

Dimensiones: Alto: 10.3 cm., Largo de Cuello: 1.5 cm., Ancho de Hombro: 4.5 cm, Espesor: 0.2 cm., Diámetro de boquilla: 1.3 cm.

Observaciones: Localizada en la Unidad 2, Cuadro H4, Capa III. En la parte frontal del envase presenta la leyenda: MEXICO, y en el lateral la frase: DENTISTA. Debió contener algún medicamento relacionado a dolores o padecimientos dentales.

Estado de Conservación: Regular, fragmentada, pieza al 70%.

Figuras A3. 157 y A3.158. Botella de Licor

Número de Inventario CATSA: 79639

Objeto: Botella, Forma: Cilíndrica, Materia prima: Vidrio, Técnica de manufactura: Triple Molde-Vaso y Hombros, Color: Verde Olivo, Técnica decorativa: No presenta, Motivo decorativo: Escritura de relieve en base, Tipo: Bebidas/Alcoholes.

Sitio: Azcapotzalco, Región: Cuenca de México, Cultura: Moderna, Temporalidad: Siglo XIX-XX, Área o Lugar de localización: Azcapotzalco, Ciudad de México.

Dimensiones: Alto: 24.3 cm., Largo de Cuello: 2.7 cm., Ancho de Hombro: 7 cm, Espesor: 0.4 cm., Diámetro de base: 6.1 cm, Diámetro de boquilla: 1.9

Observaciones: Localizada en la Unidad 2, Cuadro H4, Capa III. Botella semicompleta con fractura en una sección de la boquilla hasta el hombro. Elaborada a base de triple molde (vaso a doble molde y molde de hombros a boquilla). Presenta las 3 costuras de unión.

Presenta los retos de una etiqueta lo cual debió corresponder a la marca o característica del producto, no se conserva visible leyenda alguna. Presenta dos inscripciones en el fondo posiblemente "LL K"; pudo contener un tipo de Whisky o Coñac.

Estado de Conservación: Bueno, pieza al 90%.

Bibliografía

Arroyo-Cabrales, J. y Aguilar, F. 2015. La fauna del Pleistoceno en Azcapotzalco, *Arqueología Mexicana* 136: 30-33.

Baños, E. 1997. Cerámicas del Posclásico Temprano en la calle de Donceles, centro de la Ciudad de México. En R. Manzanilla (Coord.), *Umbrales y veredas*, pp. 155-176. Instituto Nacional de Antropología e Historia, México.

Beltrán, B., Bonfil, A. y Chema, J. 1997. Catalogación de piezas de los proyectos de la Dirección de Salvamento Arqueológico. En R. Manzanilla (Coord.), *Umbrales y veredas*, pp. 227-242. Instituto Nacional de Antropología e Historia, México.

Biblioteca de Castilla-La Mancha – BCM. S/F. "Curato de Efcapufalco", Lám. 3, del Manuscrito 366, Atlas eclesiástico del Arzobispado de México en el que se comprehenden los curatos con sus vicarias y lugares dependientes, Colección Borbón Lorenzana, Fondo Antiguo, año 1776. Toledo, España. Consultado el 17 de mayo de 2023. https://bvpb.mcu.es/es/catalogo_imagenes/grupo.do?path=11140667

Burgos, R. 1995. *El Olimpo. Un predio colonial en el lado poniente de la Plaza Mayor de Mérida, Yucatán, y análisis cerámico comparativo*. Instituto Nacional de Antropología e Historia, México.

Carballal, M., Ortuño, F. Cos y López, L. 2005. Arqueología de salvamento y rescate, en *25 años de la Dirección de Salvamento Arqueológico*, L. López y M. Carballal (Coords.), pp. 17-32. Instituto Nacional de Antropología e Historia, México.

Casiano, G. y Álvarez, A. 2009. Los raspadores de maguey en la región de Metztitlán. Un enfoque tecnológico, en *Investigaciones recientes sobre la lítica arqueológica en México*, L. Mirambell y L. González (Coords.), pp. 95-110. Instituto Nacional de Antropología e Historia, México.

Castillo, N. y Flores, L. 2017 [1984]. *Diccionario de términos básicos para catalogar, registrar e inventariar las colecciones arqueológicas de México*. Instituto Nacional de Antropología e Historia, México.

Cardenas, S. s/f. Informe de la exploración arqueológica realizada en el estacionamiento Ahuacatitla, Azcapotzalco. Manuscrito inédito, Archivo Técnico, Dirección de Salvamento Arqueológico, Instituto Nacional de Antropología e Historia, México.

Cardenas, S. y Robinson, H. s/f. Informe de los restos del mamut localizados en las obras del Metro, Azcapotzalco. Manuscrito inédito, Archivo Técnico, Dirección de Salvamento Arqueológico, Instituto Nacional de Antropología e Historia, México.

Cepeda, G. 1977. Azcapotzalco. *Los procesos de cambio en Mesoamérica y áreas circunvecinas: XV Mesa redonda*, Volumen 2, pp. 403-411. Sociedad Mexicana de Antropología, México.

Cervantes, J. y Fournier, P. 1995. El complejo Azteca III Temprano de Tlatelolco: consideraciones acerca de sus variantes tipológicas en la cuenca de México, en *Presencias y encuentros. Investigaciones arqueológicas de Salvamento*, pp. 83-111. Dirección de Salvamento Arqueológico, Instituto Nacional de Antropología e Historia, México.

Cervantes, J., Fournier, P. y Carballal, M. 2007. La cerámica del Posclásico en la cuenca de México, en B. Merino y Á. Cook (Coords.), *La producción alfarera en el México antiguo, Volumen V: la alfarería en el posclásico (1200-1521 d.C.), el intercambio cultural y las permanencias*, pp. 267-320. Instituto Nacional de Antropología e Historia, México.

Cobean, R. 1990. *La cerámica de Tula, Hidalgo*. Instituto Nacional de Antropología e Historia, México.

Cobean, R. 2005. El análisis de la cerámica en Mesoamérica: comentarios sobre enfoques y metodología, en B. Merino y A. García (Coords.), *La Producción Alfarera en el México Antiguo, Volumen 1*. Instituto Nacional de Antropología e Historia, México.

Connolly, P. 1982. "Un hogar para cada trabajador", notas sobre la conformación del espacio habitacional en Azcapotzalco. *Revista A*, (6-7): 149–192.

Connolly, P. 2005. *Tipos de poblamiento en la Ciudad de México*. UAM Azcapotzalco, México.

Córdoba, L. 1997. Distribución espacial de los barrios de Azcapotzalco, Cuautitlán y Tultitlán, tres sitios posclásicos de la cuenca de México, tesis de licenciatura en arqueología, Escuela Nacional de Antropología e Historia, México.

Córdoba, L. 2007. La región noroeste durante el Posclásico. De Azcapotzalco a Zumpango, en L. López (Coord.), *Ciudad Excavada. Veinte años de arqueología de salvamento en la Ciudad de México y área metropolitana*. pp. 137-144. Instituto Nacional de Antropología e Historia, México.

Corona, O., Valencia, D. y Salas, C. 1993. Cerámica Mayólica en el Valle de México, en *Enfoques, investigaciones y obras*, pp. 171-186. Instituto Nacional de Antropología e Historia, México.

Coordinación Nacional de Monumentos Históricos – Instituto Nacional de Antropología e Historia. s/f. Ficha del Catálogo Nacional de Monumentos Históricos Inmuebles número I-09-00299. Consultado el 7 de mayo de 2023. http://catalogonacionalmhi.inah.gob.mx/consulta_publica/detalle/10635"

Charlton, C. 1995. Las figurillas prehispánicas y coloniales de Tlatelolco, en *Presencias y encuentros. Investigaciones arqueológicas de Salvamento,* pp. 157-176. Dirección de Salvamento Arqueológico, Instituto Nacional de Antropología e Historia, México.

Charlton, T., Fournier, P. y Cervantes, J. 1995. La cerámica del periodo Colonial Temprano en Tlatelolco: el caso de la Loza Roja Bruñida, en *Presencias y encuentros. Investigaciones arqueológicas de Salvamento,* pp. 135-156. Dirección de Salvamento Arqueológico, Instituto Nacional de Antropología e Historia, México.

Charlton, T., Fournier, P. y Charlton, C. 2007. La cerámica del periodo colonial temprano en la cuenca de México. Permanencia y cambio en la cultura material, en B. Merino y Á. Cook (Coords.), *La producción alfarera en el México antiguo, Volumen V: la alfarería en el posclásico (1200-1521 d.C.), el intercambio cultural y las permanencias,* pp. 429-496. Instituto Nacional de Antropología e Historia, México.

Cravioto, J. 2007. Citlallicue, la de la falda de estrellas, en B. Barba y A. Blanco (Coords.), *Iconografía mexicana VII. Atributos de las deidades femeninas. Homenaje a la maestra Noemí Castillo Tejero,* pp. 115-128. Instituto Nacional de Antropología e Historia, México.

Cruz, R. 1994. *Análisis arqueológico del yacimiento de obsidiana de Sierra de las Navajas, Hidalgo.* Instituto Nacional de Antropología e Historia, México.

Evans, S. 1991. Architecture and authority in an Aztec Village: Forma and Function of the "tecpan", en H. Harvey (Ed.), *Land and Politics in the Valley of Mexico. A Two Thousand Year Perspective,* pp. 63-97. University of New Mexico Prees, Albuquerque.

Fournier, P. 1990. *Evidencias arqueológicas de la importación de cerámica en México con base en los materiales del ex convento de San Jerónimo.* Instituto Nacional de Antropología e Historia, México.

Fournier, P., Carballal, M. y Flores, M, 1995. Las copas de la tradición Rojo Texcoco de las ofrendas tlatelolcas: interpretaciones funcionales alternas, en *Presencias y encuentros. Investigaciones arqueológicas de Salvamento.* Dirección de Salvamento Arqueológico, Instituto Nacional de Antropología e Historia, México.

Fournier, P., Charlton, T., Pastrana, A. y Cervantes, J. 1998. Análisis de los materiales cerámicos de la sierra de Las navajas, en A. Pastrana (Ed.), *La explotación azteca de la obsidiana en la sierra de Las Navajas,* pp. 229-282. Instituto Nacional de Antropología e Historia, México.

Flores, B. 2018. Inspección arqueológica. "Calle Polo Norte Núm. 35, Colonia Ángel Zimbrón, Delegación Azcapotzalco, Ciudad de México", (Expediente 2018-81). Manuscrito Inédito, Dirección de Salvamento Arqueológico, Instituto Nacional de Antropología e Historia, México.

Florida Museum Natural History. 2018. Digital Type Collections. Consultado el 13 de noviembre de 2018. https://www.floridamuseum.ufl.edu/histarch/gallery_types/

García, J. 2022. La producción del espacio habitacional de la Alcaldía Azcapotzalco, Ciudad de México: un recorrido cartográfico. *Terra digitalis,* 6(2): 1-9. DOI: 10.22201/igg.25940694e.2022.2.101

Gamio, M. 1913 Arqueología de Azcapotzalco. D. F. México. I*nternational Congress of Americanists.* Londres

Gamio, M. 1918. Excavaciones en el atrio de la parroquia de Azcapotzalco. Manuscrito inédito. Archivo Técnico, Coordinación Nacional de Arqueología, Instituto Nacional de Antropología e Historia, México.

Gaxiola, M. 2005. La producción de raspadores de maguey en Huapalcalco: una industria de obsidiana especializada, en L. González y L. Mirambell (Coords.), *Reflexiones sobre la industria lítica,* pp. 205-224. Instituto Nacional de Antropología e Historia, México.

Gobierno Constitucional de los Estados Unidos Mexicanos. 1986. *Decreto por el que se establece una zona de monumentos históricos en la Delegación Azcapotzalco, D.F.* Diario Oficial de la Federación, Tomo CCCXCIX, No. 26, Martes 9 de diciembre. Consultado el 13 de mayo de 2023. https://www.dof.gob.mx/copias.php?acc=ajaxPaginas&paginas=todas&seccion=UNICA&edicion=207549&ed=MATUTINO&fecha=09/12/1986

Goggin, J. 1968. *Mayólica española en el nuevo mundo.* Publicaciones de la Universidad de Yale en Antropología, no. 72. New Haven: Yale University Press.

Gómez, S. 2007. Cerámicas novohispanas manufacturadas en el valle de Oaxaca, en B. Merino y Á. García (Coords.), *La producción alfarera en el México antiguo, Volumen V: la alfarería en el posclásico (1200-1521 d.C.), el intercambio cultural y las permanencias,* pp. 407-428. Instituto Nacional de Antropología e Historia, México.

González, F. 1988. *La cerámica de Tlatelolco.* Instituto Nacional de Antropología e Historia, México.

González, J. 2020. Las tecpan de Azcaptzalco: casas de gobierno de un pueblo, *Revista Azcapotzalco: Historia, arte y literatura,* Núm. 1, pp. 16-21. Consultado el 16 de mayo de 2023. https://www.researchgate.net/publication/348928565

González, J. 2022. Nueva Cronología Histórica de Azcapotzalco. Documento Inédito. Consultado el

16 de mayo de 2023. https://www.researchgate.net/publication/363534560_Nueva_Cronologia_Historica_de_Azcapotzalco DOI: 10.13140/RG.2.2.30217.52321

González, L. 1980. *Plano reconstructivo de la región de Tenochtitlan*. Instituto Nacional de Antropología e Historia, México.

Gudiño, A. 2007. Rescate arqueológico en San Juan Huacalco, Azcapotzalco, en A. Martínez, A, López, O. Polaco, y F. Aguilar (Coodrs.), *Anales de Arqueología 2005*, pp. 198-202. Instituto Nacional de Antropología e Historia, México.

Hernández, H., et.al. 2012. Proyecto Arqueología Histórica en la Hacienda San Pedro Cholul. Informe final, temporada de campo septiembre 2009–mayo 2010. Informe técnico presentado al Consejo Nacional de Arqueología. Taller de Arqueología, Facultad de Ciencias Antropológicas, Universidad Autónoma de Yucatán.

Instituto Nacional de Estadística y Geografía. 1989. *Azcapotzalco. Cuaderno de Información Básica Delegacional*. Instituto Nacional de Estadística, Geografía e Informática, México.

Instituto Nacional de Estadística y Geografía. 1995. *Azcapotzalco, Distrito Federal. Cuaderno Estadístico Delegacional*. Instituto Nacional de Estadística, Geografía e Informática, México.

Lam, S. 2015. Salvamentos arqueológicos en Azcapotzalco. *Arqueología Mexicana* 136: 38-45.

León-Portilla, M. 2011 [1961]. *Los antiguos mexicanos a través de sus crónicas y cantares*. Fondo de Cultura Económica, México.

Lesbre, P. 2011. Sucesión en Azcapotzalco. *Arqueología Mexicana* 112: 36-41.

Lister, F. y Lister, R. 1982. *Cerámica de mayólica del siglo XVI en el valle de México*. Papeles antropológicos de la Universidad de Arizona, no. 3. Tucson: University of Arizona Press.

López, G. 1976. *Cerámica colonial en la Ciudad de México*. Instituto Nacional de Antropología e Historia, México.

López, L. 2007. Presentación, en L. López (Coord.), *Ciudad Excavada. Veinte años de arqueología de salvamento en la Ciudad de México y área metropolitana*, pp. 11-16. Instituto Nacional de Antropología e Historia, México.

Martín, G. y Guerrero, L. 2016. Intervenciones para la reutilización de la ex aduana marítima de Frontera, Tabasco, México. *Intervención. Revista internacional de Conservación, Restauración y Museología*, 13: 32-42.

Martínez, A. 1987. *Catálogo nacional de monumentos históricos inmuebles en la delegación de Azcapotzalco*, A. Martínez (Coord.). Instituto Nacional de Antropología e Historia, México.

Medina, Á. 2013. *Procesos técnicos y simbólicos en la fabricación de sahumadores: la ofrenda 12 del Templo a Ehécatl-Quetzalcoatl, en Tlatelolco*. Tesis Doctoral, Universidad Nacional Autónoma de México, México.

Mondragón, A. 2007. El motivo piel de serpiente y las diosas terrestres, en B. Barba y A. Blanco (Coords.), *Iconografía mexicana VII. Atributos de las deidades femeninas. Homenaje a la maestra Noemí Castillo Tejero*, pp. 105-114. Instituto Nacional de Antropología e Historia, México.

Montaño, H. 2000. Informe de estudios de factibilidad en Av. Azcapotzalco No. 475 (Denuncia 99-32) y Av. Azcapotzalco Nos. 381, 385 y 391 (Denuncia 2000-03). Informe Técnico, Dirección de Salvamento Arqueológico, Instituto Nacional de Antropología e Historia, México.

Muestrario a). s/f. "Prospección arqueológica Av. Azcapotzalco #557, Azcapotzalco, D.F." Ceramoteca, Sección de Muestrarios, Dirección de Salvamento Arqueológico, Instituto Nacional de Antropología e Historia, México.

Muestrario b). s/f. "Proyecto de salvamento arqueológico en la plaza San Juanico Nextipac, Delegación Iztapalapa, México, D.F." Expediente 2014-144. Ceramoteca, Sección de Muestrarios, Dirección de Salvamento Arqueológico, Instituto Nacional de Antropología e Historia, México.

Muestrario c). s/f. "Salvamento Arqueológico Calle 2º Callejón de Dolores #4, Ciudad de México", Expediente 2016-221. Ceramoteca, Sección de Muestrarios, Dirección de Salvamento Arqueológico, Instituto Nacional de Antropología e Historia, México.

Munsell. 2009. *Munsell Soil-Color Charts*, producido por Munsell Color X-rite, Michigan, USA.

Müller, F. 1981. *Estudio de la cerámica hispánica y moderna de Tlaxcala-puebla*. Instituto Nacional de Antropología e Historia, México.

Noguera, E. 1969. Excavaciones en sitios posclásicos del valle de México (Culhuacán, Tenayuca, Texcoco, Zapotitlán). *Anales de Antropología* 6: 197-231.

Noguera, E. 1970. Exploraciones estratigráficas en Xochimilco, Tulancingo y Cerro de la Estrella. *Anales de Antropología* 7: 91-130.

Ortega, A. 1987. Informe del trabajo del Proyecto Línea 7 Norte, Estación Camarones Oriente, Sitio Azcapotzalco. Manuscrito inédito, Archivo Técnico, Dirección de Salvamento Arqueológico, Instituto Nacional de Antropología e Historia, México.

Parsons, M. 1972. Aztec Figurines from the Teotihuacan Valley, Mexico, en Spence, M., Parsons, J. y Parsons, M. (Eds.) *Miscellaneous Studies in Mexican Prehistory*, University of Michigan.

Pastrana, A. 2007. *La distribución de la obsidiana de la Triple Alianza en la Cuenca de México*. Instituto Nacional de Antropología e Historia, México.

Pérez, B. y Ibarra, G. 2014. Evidencias arqueológicas de la primera Casa de la Moneda en la Nueva España, en L. López (Coord.), *Las contribuciones arqueológicas en la formación de la historia colonial. Memoria del Primer Coloquio de Arqueología Histórica*, pp. 335-358. Instituto Nacional de Antropología e Historia, México.

Prieto, E. 1987. Introducción, en A. Martínez (Coord.), *Catálogo nacional de monumentos históricos inmuebles en la delegación de Azcapotzalco*. Instituto Nacional de Antropología e Historia, México.

Rivera, E. 2006. Estudio de factibilidad en la privada de Gacetilla No. 17 Col. El Recreo, Delegación Azcapotzalco. Manuscrito inédito, Archivo Técnico, Dirección de Salvamento Arqueológico, Instituto Nacional de Antropología e Historia, México.

Robinson, H. s/f. Informe de actividades arqueológicas en calle Nextengo, Azcapotzalco. Manuscrito inédito, Archivo Técnico, Dirección de Salvamento Arqueológico, Instituto Nacional de Antropología e Historia, México.

Rodríguez, J. 2014. Actividades de molienda en el asentamiento de San Luis Tlatilco, Estado de México, en L. Mirambell y L. González (Coords.), *Estudio de la lítica arqueológica en Mesoamerica*, pp. 247-272. Instituto Nacional de Antropología e Historia, México.

Rodríguez, J. 2015. Muestrario "Rescate Arqueológico en la calle Académica #9, Colonia Centro, Delegación Cuauhtémoc", Expediente 2009-111. Ceramoteca, Sección de Muestrarios, Dirección de Salvamento Arqueológico, Instituto Nacional de Antropología e Historia, México.

Ruiz, M. 2009. Aproximación a una clasificación del material de molienda, en L. Mirambell y L. González (Coords.), *Investigaciones recientes sobre la lítica arqueológica en México*, pp. 133-145. Instituto Nacional de Antropología e Historia, México.

Salas, C. 2006. *Arqueología del ex convento de la Encarnación de la ciudad de México. Edificio sede de la Secretaria de Educación Pública*. Instituto Nacional de Antropología e Historia, México.

Salas, C. y López, P. 2007. La presencia del vidrio en la Nueva España, en B. Merino y Á. García (Coords.), *La producción alfarera en el México antiguo, Volumen V: la alfarería en el posclásico (1200-1521 d.C.), el intercambio cultural y las permanencias*, pp. 497-513. Instituto Nacional de Antropología e Historia, México.

Salas, C. y López, P. 2011. *El vidrio en dos excavaciones arqueológicas en el centro de la ciudad de México. El ex convento de la Encarnación y el antiguo estanco de tabaco*. Instituto Nacional de Antropología e Historia, México.

Salazar, N. 1987. Breve historia de Azcapotzalco, en A. Martínez (Coord.), *Catálogo nacional de monumentos históricos inmuebles en la delegación de Azcapotzalco*. Instituto Nacional de Antropología e Historia, México.

Sanders, W., Parsons, J. y Santley, R. 1979. *The Basin of Mexico: Ecological Process in the Evolution of Civilization*, Nueva York, Academic Press.

Santamarina, C. 2011. La rebelión de 1428 de Tenochtitlan contra Azcapotzalco. *Arqueología Mexicana*, 111: 26-31.

Sodi, F. 1995 *La cerámica novihispana vidriada y con decoración selladas del siglo XVI*. Instituto Nacional de Antropología e Historia, México.

Séjourné, L. 1957. Informe sobre el material exhumado en Ahuizotla, Azcapotzalco. *Revista Mexicana de Estudios Antropológicos*, XIV(2): 15-24.

Séjourné, L. 2009 [1970]. *Arqueología e historia del valle de México. 1 Culhuacán*. Siglo XXI, Editores. México.

Suárez, V. y Ojeda, H. 2007. Los asentamientos prehispánicos de la ciudad de Mérida: el caso de Mulsay. En V. Suárez (Coord.) *Rescates y salvamentos arqueológicos en Campeche y Yucatán*, pp. 151-163. Centro INAH Campeche, CONACULTA, Gobierno del Estado de Campeche.

Suárez, V. y Sabido, M. 2007. Introducción, en V. Suárez (Coord.) *Rescates y salvamentos arqueológicos en Campeche y Yucatán*, pp. 9-11. Centro INAH Campeche, CONACULTA, Gobierno del Estado de Campeche.

Toscano, L., Ramírez, V., Victoria, A. y Martín, G. 2011. Informe del salvamento arqueológico Tixcacal Pueblo: tablajes 24115; 24116; 24117; 24118; 24119 y 24120, Yucatán, México, Tomo II. Informe presentado al Consejo Nacional de Arqueología, Sección de Arqueología, Centro INAH Yucatán.

Tozzer, A. 1921. *Excavations of the site at Santiago Ahuizotla, Azcapotzalco, D.F, México*. Bureau of American Ethnology. Bulletin 74, Smithsonian Institution, Washington, USA.

Urdapilleta, J. 2010. *Azcapotzalco. templos, barrios y tradiciones*. Primera Vicaria Episcopal Santa María de Guadalupe, México.

Vaillant, G. 1934. El Corral I Y II. Manuscrito inédito. Archivo Técnico, Coordinación Nacional de Arqueología, Instituto Nacional de Antropología e Historia, México.

Vaillant, G. 2003 [1941]. *La civilización Azteca*. Fondo de Cultura Económica, México.

Vega, C. 1975. *Forma y decoración en las vasijas de tradición Azteca*. Instituto Nacional de Antropología e Historia, México.

www.ingramcontent.com/pod-product-compliance
Lightning Source LLC
Chambersburg PA
CBHW041709290426
44108CB00027B/2903